Jüdisches Leben nach 1945

Rotbuch 3000

Herausgegeben von Martin Hoffmann

Hans Ulrich Dillmann,

Jahrgang 1951, lebt als freier Journalist in Berlin.

Hans Ulrich Dillmann

Jüdisches Leben nach 1945

ROTBUCH 3000

Inhalt

Neues jüdisches Leben in Deutschland
6 Auf den Spuren des Judentums

Die Geschichte der Juden
8 Von Abraham bis zur jüdischen Diaspora
14 Ghettos, Pogrome und Antisemitismus
20 Zwischen Aufklärung und Emanzipation
24 Kaisertreue Juden, Zionisten und Chassiden

Zwölf Jahre im Nationalsozialismus
28 Ausgrenzung und Exodus
32 Évian und das Novemberpogrom
34 »Jüdische Selbstverwaltung« unterm Hakenkreuz
36 »Endlösung der Judenfrage«
38 Überleben in der Illegalität

Jüdisches Leben nach 1945
40 Vom Anfang nach dem Ende – West
44 »Neues Beginnen« unter Vorbehalt
46 »Wiedergutmachung«
48 Gemeinsam ein neues Deutschland aufbauen – Ost
50 Antisemitismus unter rotem Banner
54 Jüdisches Leben in der DDR
56 Jüdischkeit in der geteilten Stadt
60 Der 9. November 1989

Jüdisches Leben nach 1989
62 Antisemitismus in der ehemaligen Sowjetunion
66 Fremd unter Freunden
70 Juden und Jüdischkeit in der öffentlichen Wahrnehmung
74 Antisemitismus in der Gegenwart

Jüdischkeit – wie lebt man die?
78 Der jüdische Kalender und die jüdischen Feiertage
82 Jüdische Traditionen und Riten
86 Alleinvertretung der Juden und religiöse Unterschiede
88 Jüdisches Leben außerhalb des Religiösen?

Deutscher Jude, jüdischer Deutscher oder Deutscher jüdischen Glaubens
90 (K)ein Richtungsstreit

Anhang
92 Glossar
94 Adressen und Literatur

Auf den Spuren des Judentums

Nach der Schoa, der Vernichtung des europäischen Judentums, hat niemand mehr geglaubt, dass Juden noch in Deutschland leben könnten. Heute gibt es wieder jüdische Gemeinden und ein mannigfaltiges jüdisches Kulturleben.

Ehemals

Wer vom Fernsehturm am Berliner Alexanderplatz seinen Blick schweifen lässt, schaut über das Häusermeer des ehemaligen Scheunenviertels und der Spandauer Vorstadt. In Reiseführern wird dieser Stadtteil als ehemaliges »jüdisches Viertel« gerühmt – ein »Schtetl« mitten in der Metropole. In der Tat lebten hier bis zur nationalsozialistischen »Machtübernahme« viele der etwas mehr als 160 000 Berliner Jüdinnen und Juden. Hier gab es Bäckereien, Metzgereien und Lebensmittelgeschäfte, die nach den religiösen Vorschriften koschere Nahrungsmittel verkauften. Stoffgeschäfte mit hebräischen Buchstaben im Schaufenster befanden sich neben Eisenwarenhandlungen, Restaurants und Cafés. In Dutzenden von Betstuben drängten sich am Schabbat die Gläubigen, mehr als 300 Sozialeinrichtungen der jüdischen Gemeinde, und osteuropäisch orthodox geprägte jüdische Glaubensgemeinschaften kümmerten sich um die Bedürftigen.

»Man macht Forschungsreisen ins Innere Asiens, Afrikas, zu den fernsten Inseln im Stillen Ozean und beschreibt gut und getreu die Sitten und Gebräuche so genannter Wilder und Barbaren. Keine herzlosere Barbarei aber kenne ich als die, die von Gelehrten und Publizisten aller europäischer Völker gegen die mitten unter ihnen wohnenden Juden begangen wird. (...) Ist es denn erhört, und gibt es dafür noch ein Beispiel, dass die Juden mitten unter anderen Völkern leben, dass es aber über ihr Leben, das ganz offen zu Tage liegt und sich gar nicht verbirgt, trotzdem nur Gerüchte gibt?«

Gustav Landauer:
Das unbekannte Volk, 1913

Steinerne Spuren

Von der einstigen »sozialen Lebendigkeit des Judentums« in Berlin ist kaum etwas erhalten geblieben. Nur noch mit Hilfe alter Fotos und ein wenig Phantasie kann sich der Neugierige vorstellen, wie sich das jüdische Leben vor 1933 in Berlin gestaltete. Die Spuren der Vergangenheit sind heute steinerne Zeugen in Form von Gebäuden, Gedenkplaketten und Mahnmalen. Auf der Suche nach dem »blühenden jüdischen Leben« durchstreifen

Kiddusch: Heiligung, Segensspruch über einem mit Wein gefüllten Becher, der am Schabbat und an anderen Feiertagen gesprochen wird

Einheimische und Touristen die Straßen der neuen Hauptstadt. »Jüdisches Leben« kann der Außenstehende vermeintlich im Hacke'schen Hoftheater bei einem jiddischen Klesmerabend oder in Form von jüdischen Speisen konsumieren. Jüdisch klingende Kneipennamen komplettieren das touristische Angebot.

»Wir sind noch da«

Selten noch weist ein Magen David, ein Davidstern, auf eine intakte, heute noch genutzte jüdische Einrichtung hin. Das reale jüdische Leben in Berlin, wie in allen Städten der Bundesrepublik Deutschland, in denen es wieder jüdische Gemeinden gibt, spielt sich in der Gegenwart eher im geschlossenen Raum, in streng bewachten Synagogen und Gemeindezentren ab. Dennoch: 55 Jahre nach der Befreiung von der nationalsozialistischen Tyrannei gibt es im Nachfolgerstaat des »Dritten Reiches« wieder jüdisches Leben. War es nach dem Krieg eher eine Gemeinschaft in Abwicklung, die ihre endgültige Auswanderung aus Deutschland vorbereitete, und dann über Jahrzehnte eine winzige Minderheit von rund 27000 Menschen, so hat sich die Zahl der Juden in Deutschland, bedingt durch die jüdische Zuwanderung aus den Ländern der »Gemeinschaft Unabhängiger Staaten«, im letzten Jahrzehnt mehr als verdreifacht.

»Das Vergessenwollen verlängert das Exil, und das Geheimnis der Erlösung heißt Erinnerung.«
Jüdische Weisheit

In den letzten zehn Jahren hat die jüdische Gemeinschaft einige Impulse durch die Zuwanderung von Juden aus Osteuropa erhalten, die Zahl der Gemeindemitglieder ist gestiegen.

Von Abraham bis zur jüdischen Diaspora

Die Geschichte des Judentums nimmt nach dem jüdischen Kalender vor 5671 Jahren ihren Anfang. Für jene, die sich nach der abendländisch-christlichen Zeitrechnung orientieren, im Jahre 3761 vor der Geburt Christi in Nazareth im Jahre Null.

Der Urvater

»Denn du bist ein dem Ewigen, deinem Gott, geweihtes Volk; dich hat der Ewige, dein Gott, aus allen Völkern, die auf Erden sind, für sich erwählt, dass du sein eigen seiest. Nicht weil ihr zahlreicher wäret als alle Völker, hat der Ewige sein Herz euch zugewandt und euch erwählt – denn ihr seid das kleinste unter den Völkern –, sondern weil der Ewige euch liebte und weil er den Eid hielt, den er euren Vätern geschworen …«

5. Buch Mose 7,6–8

Die Geschichte der Juden beginnt in einer Epoche, aus der es keine schriftlichen Aufzeichnungen gibt. Sie hat ihren Ausgangspunkt im »Nahen Osten«, und am Anfang steht die Verheißung von einem Land und einer Nachkommenschaft. Die Region zwischen Euphrat und Tigris sowie dem Roten Meer war traditionell Durchzugsgebiet nomadisierender Stämme und gleichzeitig Handelsstraße zwischen Ägypten und Afrika einerseits und dem fernen Asien und Europa andererseits. Beherrscht wurde das Gebiet über Jahrhunderte von den babylonischen Königen. Einer der dort ansässigen aramäischen Stämme, zu der die Sippe eines »gewissen Avraham« gehörte, siedelte am südlichen Rand des Zweistromlandes, in Chaldäa, als viehzüchtende Halbnomaden. Abraham ist der Urvater der Juden. Folgt man der historischen Schilderung, die sich in den, für den jüdischen Glauben grundlegenden, fünf Büchern Mose findet, so wählte Gott das Oberhaupt eines damals noch polytheistischen Clans aus und versprach, ihn und seine Nachkommen in ein Land zu führen, von dem es in der Bibel heißt, dass dort »Milch und Honig fließen«. Mit Abraham schloss er einen Pakt. Äußeres Zeichen dieses »ewigen Bund« wurde die Beschneidung der männlichen Nachfahren, die Brit-mila. Die Verpflichtung Abrahams zum unbedingten Gehorsam gegenüber Gott bedeutete die Abkehr von der Anbetung verschiedener Götter.

Schabbat: Freitagabend (Schabbatmahl) in einer jüdischen Familie

Abraham, seine Söhne und die zwölf Stämme

Abraham hatte zwei Söhne. Aus der Verbindung mit Sara stammte Isaak. Dieser wiederum hatte ebenfalls zwei Söhne. Esau, der ältere Zwillingsbruder, wurde von Jakob um sein Erstgeburtsrecht gebracht. Jakob wurde später Israel genannt – »Gottesstreiter«. Er ist einer der Stammväter der Israeliten. Seine Nachkommen Aser, Benjamin, Dan, Gad, Issakar, Juda, Joseph, Levi, Naphtali, Ruben, Simeon und Zabulon gelten als die Ahnherren der »zwölf Stämme Israels«. Aus Abrahams Konkubinat mit der ägyptischen Sklavin Hagar ging Ismael hervor. Dieser wurde später von der Familie verstoßen. Ismael gilt als der Begründer der arabischen Stämme in der Südwüste Palästinas, der Ismaeliten. Die Muslime sehen in Ismael jenen, der gemeinsam mit seinem Vater das Heiligtum der Kaaba gegründet haben und dort gemeinsam mit seiner Mutter beerdigt worden sein soll. Der Weg Abrahams führte diesen von Ur in Chaldäa südwärts ins Jordanland, wo sich der Familienverbund als Hirten im »Gelobten Land« ansiedelte. Eine Hungersnot zwang Jakob später, mit seiner Sippe in das Land am Nil, nach Ägypten zu

»Und der Ewige sprach zu Abraham: Gehe aus deinem Vaterlande und von deiner Freundschaft und aus deines Vaters Hause in ein Land, das Ich dir zeigen will. Und Ich will dich zum großen Volk machen und will dich segnen und dir einen großen Namen machen, und sollst ein Segen sein. Ich will segnen, die dich segnen, und verfluchen, die dich verfluchten; und in dir sollen gesegnet werden alle Geschlechter auf Erden.«

1. Buch Mose 12,I

ziehen. Nach und nach gerieten die Hebräer in Abhängigkeit und wurden versklavt.

Mose und der Auszug aus Ägypten

»Wir sind in das Land hineingezogen, in das du uns gesandt hast. Es fließt wirklich von Milch und Honig, und dies hier sind Proben von seinen Früchten. Aber die Bevölkerung, die in dem Lande wohnt, ist stark, und die Städte sind befestigt, dazu sehr groß, und auch die Nachkommen Enaks (Riesengeschlecht) sahen wir dort. Amalekiter wohnen im Südland, die Hethiter, Jebusiter und Amoriter siedeln auf dem Gebirge, die Kanaaniter wohnen am Meere und am Ufer des Jordans.«

4. Buch Mose 13,2

Mose befreite die inzwischen vielköpfigen Nachfahren Israels etwa Mitte des 13. Jahrhunderts vor der neuen Zeitrechnung (v. d. n. Z.) aus der vierhundertjährigen Sklaverei – wenn die biblische Darstellung stimmt. Denn die Bibel ist die einzige Quelle, die über das Leben und die Herkunft des »Befreiungshelden« Auskunft gibt. Danach soll Mose, von seinen hebräischen Eltern vom Stamm der Levi in Ägypten ausgesetzt und von einer Pharaonentochter gefunden, am Hofe des damaligen ägyptischen Herrschers aufgezogen worden sein. Nach einem Streit mit diesem floh er auf den Sinai. Dort erschien ihm in einem brennenden Dornbusch Gott, der ihn beauftragte, die »Kinder Israels« in das Gebiet Judäa, Samaria und Galiläa zurückzuführen. Zehn göttliche Plagen – blutiges Wasser, Frösche, Stechmücken, Bremsen, Viehseuchen, Geschwüre, Hagel, Heuschrecken, undurchdringliche Finsternis, Tod der Erstgeborenen bei Menschen und Tieren – schickte Jahwe (Gott), bevor der ägyptische Herrscher Mose und die Seinen endlich ziehen ließ.

Der Berg und die Zehn Gebote

»Wenn ihr ins Land Kanaan kommt, so soll dies das Land sein, das euch als Erbteil zufällt.«

4. Buch Mose 34,2

Wenn die Israeliten Mose aus der Sklaverei folgten, so sind ihnen doch auf der beschwerlichen Reise ins »Gelobte Land«, die 40 Jahre dauerte, erhebliche Zweifel an der Richtigkeit des Entschlusses und des Weges gekommen. Als Mose vom Berg Sinai zurückkehrte, wo Gott ihm die Gesetzestafeln, die Zehn Gebote, übergeben und den »Bund« mit Abraham erneuert haben soll, fand er seine Landsleute beim Götzendienst: Sie umtanzten ein altes kanaanäisches Fruchtbarkeitssymbol, das »Goldene Kalb«. Seit dem »Auszug aus Ägypten« existiert der »göttliche Gesetzeskodex«, der das Verhältnis der Menschen untereinander und ihre Beziehung zu Gott regelt. Das Regelwerk nimmt für die Juden eine zentrale Rolle in

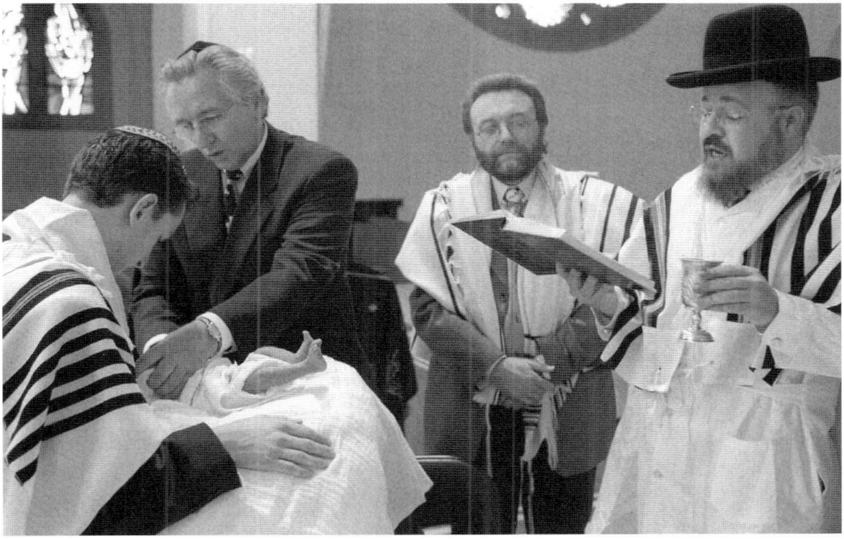

ihrem Leben ein. Die Angehörigkeit zu einem der zwölf Stämme schafft die Identität als Volk, die Landverheißung definiert einen geografisch klar umrissenen Raum, und die Geburt von einer jüdischen Mutter entscheidet über die Zugehörigkeit zur jüdischen Gemeinschaft.

Beschneidungszeremonie

Thora und Talmud

Herzstück der »jüdischen Bibel« sind die fünf Bücher Mose, die im Hebräischen Thora genannt werden. Thora lässt sich im Deutschen mit »Gesetz« wiedergeben, allerdings gibt der Begriff »Weisung« den Wortsinn besser wieder. Sie untergliedert sich in drei Hauptgruppen: die Thora, die Bücher der Propheten sowie die übrigen Schriften und Psalmen – insgesamt 24 Bände. Im jüdischen Religionsverständnis sind die Thora und die Ausführungen der Propheten allerdings weniger eine historische Dokumentation von Geschehenem, sondern eine Beschreibung der Wechselbeziehung zwischen Gott und »seinem Volk«. In der Thora sind 613 Gesetze fixiert – 365 Verbote und 248 Gebote. Ihre Befolgung ist das »sittlich gebotene Minimum«, das eine religiöse Jüdin und

»Du sollst keine anderen Götter neben mir haben.«
2. Buch Mose 20,3

»Lange Zeit werdet ihr darinnen (im Land Israel) nicht wohnen, sondern gänzlich daraus vertilgt werden. Und der Ewige wird euch unter die Völker zerstreuen, und nur eine geringe Zahl von euch wird übrig bleiben unter den Nationen, dahin der Ewige euch führen wird.«

5. Buch Mose 4,26-27

ein religiöser Jude zu befolgen haben. Die schriftliche Lehre in Form der Thora findet ihre Ergänzung und Präzision durch die Interpretationen der Schriftgelehrten. Die Zusammenfassung in Form einer »Belehrung« ist der Talmud. Die »Ausführungsbestimmungen« beziehen sämtliche Bereiche des täglichen Lebens ein. Der normative Teil der Thora und des Talmuds wird »Halacha« – »Gesetz« oder »Regelung« – genannt. Sie umfasst Vorschriften für Ritus und Gebet, kultische Reinigung, Schabbat und Festtage, Ehe und Personenstand, Zivil- und Strafrecht.

Die Zerstörung der Tempel

1050 gelang die Bildung eines israelischen Staates und die Stabilisierung der Herrschaft über das Haus Judäa, auch wenn das Gebiet zwischen dem Golf von Akaba, dem Westjordanland und Hama in Nordsyrien immer wieder Schauplatz von feindlichen Angriffen war. Nach der Zerstörung des Ersten Tempels in Jerusalem, am 9. Tag des jüdischen Monats Aw im Jahre 586 vor der neuen Zeitrechnung, begann die Verschleppung der jüdischen Bevölkerung in die »Babylonische Gefangenschaft«. Auch nach der Rückkehr der Juden ins »Gelobte Land«, knapp 50 Jahre später, und der Einweihung des Zweiten Tempels blieb die Region Austragungsort zahlreicher Eroberungskriege. 63 Jahre vor der angeblichen Geburt jenes jüdischen Mannes, der als der Begründer der christlichen Religionen gilt, erklärte Pompejus das Gebiet zur römischen Provinz »Palästina«. 66 Jahre nach »Christi Geburt« begann dann der Aufstand gegen die römische Okkupation. Und wieder war es der 9. Aw, der elfte Monat des jüdischen Kalenders, an dem noch heute die Juden in aller Welt zur Erinnerung an die zweimalige Zerstörung des Tempels fasten.

Die jüdische Diaspora

Wenige Jahrzehnte danach, so schätzen Historiker, waren noch etwa eine Million Juden in Palästina ansässig, während die Mehrheit, 3,5 Millionen, bereits rund um das Mittelmeer »zerstreut« in der Diaspora lebte. Im dritten Jahrhundert der neuen Zeitrechnung gab es zahlreiche Regionen, in denen sich größere Gruppen von Juden niedergelassen hatten. Wichtige Siedlungsgebiete waren die Gegend um die ägyptische Hafenstadt Alexandria, Karthago im heutigen Tunesien, Griechenland, die Westküste der Türkei. Auch die Sozialstruktur hatte sich verändert. Waren die Nachkommen Abrahams ehemals Viehzüchter und Bauern, so verdienten sie jetzt ihren Lebensunterhalt als Kaufleute. Auf der iberischen Halbinsel fanden die »Verbannten Jerusalems« im Sefarad, in der Region zwischen Cádiz und Cordoba, einen Aufenthaltsort. Die iberischen Juden wurden Sefardim genannt, im Gegensatz dazu die in Mittel- und Osteuropa siedelnden Juden nach einem alttestamentarischen Volksstamm Aschkenasim.

Mit der Erklärung des aus dem Judentum hervorgegangenen Christentums zur Staatsreligion im römischen Herrschaftsgebiet im Jahr 391 begann gleichzeitig die Verfolgung und Ausgrenzung der Juden. Sie wurden von den Christen als Häretiker, als Ketzer und Anhänger einer Irrlehre denunziert. Bereits damals bezeichnete der Abt des Klosters von Bethlehem (347–420) die Juden als Mörder und ein anderer Kirchenvertreter ihre Synagogen als »Sammelstätte der Christenmörder«. Nicht zuletzt die theologische Verurteilung der Juden zum Ausgang der Antike hat später die Rechtfertigung für die Ausgrenzung und Verfolgung der Juden geliefert.

»Die Juden sind so zahlreich, dass kein Land sie zu fassen vermag. Deshalb haben sie auch ihre Niederlassungen in den meisten (wirtschaftlich) blühenden Ländern in Europa und Asien, auf den Inseln so gut wie auf dem Festland. Wohl betrachten sie die heilige Stadt, wo der heilige Tempel des höchsten Gottes steht, als ihre Mutterstadt. Aber ihr Vaterland ist in jedem Fall (das Land), das sie ererbt haben von ihren Vätern, Großvätern und weiteren Vorfahren, wo sie geboren und erzogen wurden.«

Philo von Alexandria, Philosoph und Schriftsteller

Die Galut, der hebräische Ausdruck für Exil und Verbannung, für das Leben des jüdischen Volkes außerhalb von Erez Israels, begann im Jahre 70 der christlichen Zeitrechnung und dauerte bis zum Jahre 1948, als am 14. Mai der Staat Israel proklamiert wurde.

Ghettos, Pogrome und Antisemitismus

In der ersten Phase der Diaspora unterschieden sich die Juden nicht von der »übrigen« Bevölkerung. Sie bestellten die Felder, trieben Handel und versuchten, als Handwerker ihren Lebensunterhalt zu verdienen.

»Dies ist nun der Weg der ›Radaniten‹ genannten jüdischen Kaufleute (...). Von Westen her bringen sie Eunuchen, Sklavinnen, Knaben, Seide, Pelzwerk und Schwerter mit sich. Sie schiffen sich im Lande der Franken, am Gestade des Westmeeres (Mittelmeeres) ein, um sich nach Faram (Pelusium) zu begeben; dort verladen sie ihre Waren auf die Höcker der Kamele und nehmen den Landweg nach Kulsum (...). Aus Kulsum schlagen sie den Wasserweg über das Ostmeer (das Rote Meer) nach Aldschar und Dschidda (Arabien) ein und reisen dann weiter nach Sind, Indien und China. Auf dem Rückweg führen sie Moschus, Aloe, Kampfer, Zimt und andere Erzeugnisse des Morgenlandes mit sich.«

Ibn Chordade, Chef der Polizei- und Postverwaltung der Provinz Dijbal im heutigen Irak, im »Buch der Straßen und Königreiche«

Juden in Deutschland

Seit dem dritten Jahrhundert ist die Anwesenheit von Nachfahren Abrahams in Deutschland verbürgt, vornehmlich in ehemals römischen Garnisonsstädten wie Trier, Regensburg, Mainz, Worms und Köln. Mit dem Ausbreiten des Christentums im mitteleuropäischen Raum wurden die Lebens- und Arbeitsbedingungen der Juden immer wieder eingeschränkt, denn die Juden erwiesen sich gegenüber den Missionierungsversuchen der »Jünger Jesu« – sehr zu deren Unwillen – resistent. Sie zogen es vor, unter ihresgleichen zu leben, nicht zuletzt auch deshalb, um ihre Religion leichter ausüben zu können.

Landflucht

Früh begann die Ausgrenzung der Juden. Bereits im Jahre 315 hatte Kaiser Konstantin ein Edikt erlassen, das den Juden, unter Androhung, bei lebendigem Leibe verbrannt zu werden, verbot, Christen zum Judentum zu bekehren oder zum Christentum »Bekehrte« umzustimmen. Sein Nachfolger Konstantinus verschärfte knapp ein Vierteljahrhundert danach noch die Gängelung mit dem Verbot der »Haltung heidnischer und christlicher Sklaven«. Die kaiserliche Anordnung – Zitat: »Widrigenfalls setzen sie ihren Kopf aufs Spiel« – diente jedoch nicht der Sklavenbefreiung, sondern sollte die »Israeliten« aus der arbeitsintensiven Landwirtschaft, in denen üblicherweise Sklaven eingesetzt wurden, vertreiben.

Schläfenlocken bleiben stehen/Opschernisch (Haareschneiden) eines jüdischen Jungen.

Das Edikt hatte Erfolg. Zahlreiche Juden sahen sich gezwungen, ihre Ländereien zu verkaufen und in die Städte abzuwandern. Aber die Stadtluft machte nicht frei. Nach und nach wurde bis Mitte des fünften Jahrhunderts den Juden die Ausübung öffentlicher Ämter untersagt, der Zugang zum Richteramt verwehrt. Auch den Beruf des Advokaten durften sie nicht mehr ausüben, und selbstverständlich war ihre Leumundschaft vor Gericht nicht gefragt.

Atempause – die Schutzjuden

Im achten Jahrhundert zeichnete sich – wenigstens vorübergehend – eine Wende ab. Nach der Krönung von Karl dem Großen gegen Ende des achten Jahrhunderts erhielten die Juden mehr Freiheit. Der Kaiser stellte die Juden unter seine Vormundschaft, sicherte ihnen den Schutz ihres Lebens zu, garantierte ihre Religionsausübung und ihr Eigentum sowie die Gemeindeautonomie bei Rechtsstreitigkeiten – natürlich gegen eine Steuer in Höhe eines Zehntels ihrer jährlichen Einnahmen. Unter Ludwig dem Frommen, der von 814 bis 840 seine Herrschaft ausübte, wurden sogar die Markttage aus Rücksicht auf den jüdischen Glauben der Händler von Sonnabend, dem Schabbat, auf einen Werktag verlegt. Die Aktivitäten der jüdischen Kaufleute ließen Wirtschaft und Handel im Karolingerreich gedeihen. Deshalb stellte Ludwig die Juden mit einem kaiserlichen Schutzbrief unter seine Vormundschaft – nicht ohne dafür zu kassieren. Wer einen Schutzjuden körperlich verletzte oder gar tötete, musste sich vor dem Kaiser rechtfertigen.

Die Ausschaltung lästiger Konkurrenz

Unmittelbar nach dem Tode Ludwigs des Frommen entbrannte allerdings ein Kampf um die staatliche und gesellschaftliche Autorität und die Dominanz im Handel. Mit dem Zerfall der kaiserlichen Zentralmacht gewann der katholische Klerus erneut die Überhand – und damit auch deren antisemitische Haltung. Das städtische Bürgertum versuchte, um seine ökonomischen Interessen auszubauen, die jüdischen Kaufleute aus dem Handel zu verdrängen. Gleichzeitig wurden die Juden in die sich entwickelnde Geldwirtschaft abgedrängt, und es ihnen zugestanden, im Gegensatz zu den Christen gegen Zinsen Geld zu verleihen – Wucher genannt.

»An die zwölftausend Juden wurden von Mai bis Juli des Jahres 1096 in den Rheinprovinzen getötet. Morde, Plünderungen, gewaltsame Taufen pflanzten sich mit dem Zug der Kreuzfahrerbanden auch durch Böhmen fort. Die Juden von Prag wurden zur Taufe geschleppt und alle Widerstrebenden getötet. Vergebens erhob der Bischof Kosmas seine Stimme gegen die Zwangstaufen. Als die Täuflinge der Prager Gemeinde nach Polen und Ungarn auszuwandern begannen, um sich wieder offen zu ihrem Glauben bekennen zu können, befahl der böhmische Fürst Wratislaw II., ihnen all ihr Hab und Gut wegzunehmen.«

Werner Keller: Und wurden zerstreut unter alle Völker. Die nachbiblische Geschichte des jüdischen Volkes. München 1966

Auf der iberischen Halbinsel begann Mitte des elften Jahrhunderts die Reconquista, die Rückeroberung Spaniens von der maurischen Herrschaft durch die Truppen der katholischen Könige, die 1492 mit der endgültigen Niederlage der islamischen Mauren und der Vertreibung der jüdischen Bevölkerung aus dem kastilischen Königreich endete. Die vitalen ökonomischen Interessen des »europäischen Zentrums«, wie dies heute genannt würde, waren ebenso bedroht; das byzantinische Reich stand kurz vor dem Zerfall; die Türken schickten sich an, die dominierende Macht im »Nahen Osten« zu werden.

Kreuzzüge

In dieser Situation ergriffen die Päpste die Initiative und riefen 1096 zur Befreiung der »heiligen christlichen Stätten in Palästina« auf. Ortsnah setzte der lothringische Herzog Gottfried von Bouillon die päpstliche Forderung um, indem er das »Blut Christi« zuerst an den Juden im eigenen Land rächte. Bewaffnete Heerscharen zogen daraufhin auf ihrem ersten Kreuzzug ins »Heilige Land« zuerst durch Trier, Speyer, Worms, Moers und Köln und ermordeten die jüdische Bevölkerung. Auch der zweite Kreuzzug, 50 Jahre später, begann mit einem Massaker in den jüdischen Gemeinden. Den Teilnehmern an der christlichen Raubpilgerfahrt Richtung Nahost war zuvor ein Zahlungsaufschub beziehungsweise ein Schuldenerlass gegenüber jüdischen Gläubigern zugesagt worden. Auf dem dritten Lateralkonzil 1179 verbot die Kurie das Zusammenleben zwischen Juden und Christen und leitete damit die Ghettoisierung der jüdischen Bevölkerung in die Wege, denn bis zu diesem Zeitpunkt waren »erzwungene Wohngebiete für Juden« völlig unbekannt.

Jüdische Jungen feiern mit ihrem 13. Geburtstag die Bar-Mizwa.

Stigmatisierung und Schreckensherrschaft

Im November des Jahres 1215 wurden die Juden durch eine Päpstliche Bulle zur »Kleiderordnung für Juden« stigmatisiert: England entschied sich für einen Aufnäher, der zwei Steintafeln zeigte. In Frankreich mussten sich die Juden einen roten Filz oder ein safrangelbes Tuch in Form eines Rades auf Brust und Rücken der Oberbekleidung nähen. In Deutschland wurde eine »Rotella«,

Der Begriff des jüdischen Ghettos entstand erst im 16. Jahrhundert. Die Republik Venedig veranlasste im Jahre 1516 die Errichtung eines jüdischen Zwangsquartiers, das in den Abendstunden verschlossen wurde, damit niemand herauskam. Es wurde auf dem Gelände der »Neuen Gießerei« errichtet, italienisch »Ghetto nuovo«. In Südfrankreich wurde für den Wohnbezirk der Juden der Begriff »Carrière des Juifs«, in Spanien »Judería«, in Deutschland »Judengasse« oder »Judenstadt« verwendet.

ein kreisförmiger Stoff, angeordnet, Österreich optierte für den »Cornutius pileus«, einen turmartigen, hohen und gehörnten Hut. In Ungarn und Südpolen mussten die Juden einen roten, runden Stoff auf der Kleidung tragen, in Kreta wurden die Häuser mit einem »Judenfleck« gekennzeichnet.

Bald schon wurde im Deutschen Reich eine »Reichsjudensteuer« verlangt. Die Schreckensherrschaft ließ die jüdische Bevölkerung nicht mehr zur Ruhe kommen. Den Juden wurden angebliche Ritualmorde zur Last gelegt. In Österreich brannten die Scheiterhaufen, in deutschen Städten nicht minder. Im Juni 1240 bezeichnete ein bischöfliches Gericht in Paris den Talmud als ein gotteslästerliches und schädliches Buch – er müsse verbrannt werden. 24 Pferdekutschen transportierten aus den Gebetshäusern »beschlagnahmte« Talmudbände ab, um sie in Flammen aufgehen zu lassen. König Edward von England verbannte die jüdische Bevölkerung, 16 500 Juden mussten per Schiff die Insel verlassen. In Frankreich ließ Philipp IV. die jüdische Bevölkerung verhaften und ausweisen.

Die Juden und die Pest

Als in Deutschland die ersten Fälle des »Schwarzen Todes«, der Pest, im Jahre 1348 bekannt wurden, fanden sich schnell Schuldige: die Juden. Der Mob zog durch die Straßen der deutschen Judenviertel. Von den etwa 350 jüdischen Gemeinden gab es nach den Mordpogromen 85 nicht mehr. Der jüdische Geldverleih war fast völlig zum Erliegen gekommen, die großen Finanztransaktionen verlagerten sich auf so bekannte Handelshäuser wie Fugger und Welser, die von der Verdrängung der Juden profitierten. Viele Juden flohen Richtung Osten und siedelten sich in Polen, der Ukraine, Weißrussland und Litauen an. Mit ihnen begann sich dort eine Sprache zu etablieren: das Judendeutsch oder Jiddisch, ein ursprünglich mittelfränkischer Dialekt mit hebräischen Worten.

Die Hofjuden

Der Dreißigjährige Krieg (1618 bis 1648) zerstörte nachhaltig die wirtschaftliche Basis des Heiligen Römischen Reiches Deutscher Nation. Die Fürsten-, Kurfürsten- und Herzogtümer waren verwüstet, die Bevölkerungsverluste immens. Um dies auszugleichen, wurden die Einwanderungsbedingungen für all jene gelockert, die über kaufmännische Fähigkeiten und erhebliche finanzielle Mittel verfügten. Plötzlich rissen sich die Herrscher der Kleinstaaten wieder um finanzkräftige Juden, als Warenlieferanten, Finanziers, Kreditvermittler, Steuer- und Münzpächter. »Hofjuden« wurden sie genannt und mit besonderen Privilegien ausgestattet. 300 Privilegierte sollen es nach Schätzungen während des 17. und 18. Jahrhunderts in Brandenburg-Preußen gewesen sein. Nach anfänglichen Beschränkungen auf den Warenhandel wurden den Juden in Preußen neue Betätigungsfelder – die Gründung von Manufakturen als Vorformen industrieller Massenproduktion – eröffnet, die nicht zur Gewerbehoheit der Zünfte gehörten. Friedrich II. gewährte sogar jenen, die sich um das Herrscherhaus verdient gemacht hatten, die rechtliche Gleichstellung mit den anderen Untertanen. Wer in der Lage war, die geforderten Abgaben zu leisten, der genoss in einem System käuflichen Schutzes staatliche Protektion. Für die »gemeine« jüdische Bevölkerung dagegen endete die Bewegungsfreiheit und die Entfaltungsmöglichkeit noch immer an den, wenn auch nachts nicht mehr verriegelten, Ghettotoren.

»Wo der Christ zehn Schock nimmt, soll der Jude 20 im Jahr nehmen dürfen, weil, wenn er so wenig nähme wie der Christ, er nicht leben könnte, da er zuerst Uns gegenüber seinen Pflichten nachkommen muss, zweitens dem Herrn, dessen Schutz er sich empfohlen hat, zahlen muss, drittens selbst die Interessen zu berichtigen hat, viertens selten ein Amt, dessen Dienst er nötig hat, ihn umsonst entlässt, und er endlich selbst etwas haben muss, um davon mit Weib und Kindern leben zu können.«

Kaiser Friedrich III., 1470

Bei der Entwicklung neuer Märkte und der Beschaffung von Gütern spielten im »christlichen Abendland« die Juden eine Pionierrolle. In dem Maße, wie die Christen den Wirtschaftspart selbst übernahmen, verloren die »jüdischen Pioniere« ihre gesellschaftliche Stellung.

Zwischen Aufklärung und Emanzipation

Bis weit ins 18. Jahrhundert hielt die Mehrheit der Juden an ihrem Selbstverständnis »als Angehörige eines Volkes« und an der Idee ihrer Heimführung zu »messianischer Zeit« fest. Erst danach begann eine Phase der Verweltlichung des Judentums.

Die Utopie von der egalitären Gesellschaft

»Der Jude ist noch mehr Mensch als Jude, und wie wäre es möglich, dass er einen Staat nicht lieben sollte, in dem er ein freyes Eigentum erwerben, und desselben frey genießen könnte, wo seine Abgaben nicht größer als die andrer Bürger wären? (...) Warum sollte er Menschen hassen, die keine kränkende Vorrechte mehr von ihm scheiden, mit denen er gleiche Rechte und gleiche Pflichten hätte? (...) Er würde das Vaterland mit der Zärtlich keit eines bisher verkannten und nur nach langer Verbannung in die kindlichen Rechte eingesetzten Sohne ansehen.«

Christian Wilhelm Dohm, preußischer Kriegsrat und Archivar, 1781

Inspiriert von der Idee der Kant'schen Aufklärung, dem Menschen mittels der Vernunft zum »Ausgang aus seiner selbstverschuldeten Unmündigkeit« zu verhelfen, begann innerhalb der jüdischen Gemeinschaft die Diskussion über die Verortung in einer nichtjüdischen Umwelt, nach Jahrhunderten des Galut, des Exils. Einer der führenden Vertreter einer Verknüpfung von »jüdischem Geist und deutscher Kultur« wurde der Philosoph Moses Mendelssohn. Der im September 1729 in Dessau geborene Sohn eines Thorarollenschreibers wurde bald einer der renommiertesten Philosophen des Landes – und der Vertreter einer Integration der Juden in die Gesellschaft. Mendelssohn übersetzte die fünf Bücher Mose ins Deutsche. Die Thoraübertragung lieferte den Juden, die meist noch ein in den Ghettos gepflegtes altdeutsches Idiom sprachen, den Zugang zur Literatur, Wissenschaft und Philosophie. Die »Haskala«, die jüdische Aufklärung, mit ihrer Bereitschaft, sich in das Gemeinwesen zu integrieren, gewann immer mehr an Bedeutung.

Auf die Assimilierung zielte auch das 1782 vom österreichischen Kaiser Joseph II. erlassene »Toleranzedikt«. Obrigkeitseingriffe in das geistige und materielle Leben der jüdischen Gemeinden sollten den Boden dafür vorbereiten. Aber von einer gesellschaftlichen Gleichstellung konnte nicht die Rede sein, die Juden blieben von öffentlichen Ämter ausgeschlossen – sie blieben Fremde.

Der jüdisch-orthodoxe Rabbiner Itzchak Ehrenberg bläst während des Gottesdienstes in der Synagoge in der Joachimstaler Straße im Berliner Bezirk Charlottenburg die Schofar, das Widderhorn. Die Schofar wird im letzten Monat des jüdischen Jahres jeden Tag während der Gottesdienste in den jüdischen Synagogen geblasen.

Liberté, Egalité, Fraternité

Drei Jahre nach der Französischen Revolution am 14. Juli 1789 standen die französischen Revolutionstruppen am Rhein. Aber erst am 12. September 1798 wurden auf Befehl der französischen Besatzungstruppen die Ghettotore des jüdischen Viertels in Mainz entfernt. Und 14 Jahre sollte es noch dauern, bis der preußische Herrscher Friedrich Wilhelm II. sein »Emanzipationsedikt« für die »jüdischen Glaubensgenossen« erließ. Der Wiener Kongress, der von September 1814 bis Juni 1815 eine neue Ordnung in Europa festlegte, befasste sich mit der »Judenfrage« – und beschränkte erneut die Rechte der jüdischen Bevölkerung.

»Die Juden sind unser Unglück«

Das intellektuelle Bürgertum befreite sich zusehends von der staatlichen Gängelung. Die Freiheitsbewegung, die sich die Einheit Deutschlands und die Schaffung eines »Deutschen Reiches« auf ihre schwarz-rot-goldenen Fahnen geschrieben hatte, erkannte einen reaktionären Geist in der jüdischen Kultur und den religiösen Geset-

»§ 1. Die in Unseren Staaten jetzt wohnhaften, mit General-Privileg, Naturalisations-Patenten, Schutzbriefen und Konzessionen versehenen Juden und deren Familien sind für Einländer und Preußische Staatsbürger zu achten.

§ 2. Die Fortdauer dieser ihnen beigelegten Eigenschaft als Einländer und Staatsbürger wird aber nur unter der Verpflichtung gestattet: dass sie fest bestimmte Familien-Namen führen, und dass sie nicht nur bei Führung ihrer Handelsbücher, sondern auch bei Abfassung ihrer Verträge und rechtlichen Willens-Erklärungen der deutschen oder einer anderen lebenden Sprache, und bei ihren Namen-Unterschriften keiner andern, als deutscher oder lateinischer Schriftzüge sich bedienen sollen.«

Emanzipationsedikt Friedrich Wilhelms III. vom 11. März 1812

zen, die im Widerspruch zur modernen Zeit, zum Zeitgeist stünden. Handwerk und die aufstrebende Industrie sahen in den von den rechtlichen Fesseln befreiten Juden eine drohende Konkurrenz. Die sozialen Auseinandersetzungen bekamen eine antijüdische Komponente. Das Gespenst von der »Verjudung Deutschlands« machte die Runde. »Die Juden sind unser Unglück«, formulierte der Historiker Heinrich von Treitschke. »Hep! Hep! Hep!« riefen die Studiosi lateinisch landauf, landab drohend, »Hierosolyma est perdita – Jerusalem ist verloren«. In Hamburg zog der intellektuelle Kreuzzügler-Mob durch die Elbstadt und zerstörte jüdische Einrichtungen und Wohnungen. Die so genannten Splitterwochen vom 21. bis zum 24. August 1814 fanden knapp 125 Jahre später während der so genannten Reichskristallnacht Nachahmer.

Auf den Barrikaden

An der Kritik über jüdischen Einfluss und Dominanz in der Gesellschaft änderte es auch nichts, dass sich jüdische Intellektuelle, in der Hoffnung, damit die Emanzipation des jüdischen Volkes voranzutreiben, an der bürgerlichen Revolution beteiligten. Auf den 1848er Barrikaden starben 20 jüdische Kämpfer, und an der Frankfurter Nationalversammlung in der Paulskirche nahmen Juden als Delegierte teil. In der *Allgemeinen Zeitung des Judentums* schrieb der Frankfurter Rabbiner Leopold Stein: »Unsere Sache (...) ist eins mit der Sache des Vaterlandes. Sie wird mit ihr siegen oder fallen.« Immer wieder hatten Juden mit ihrem rituellen Übertritt zum Christentum versucht, der Ablehnung zu entgehen. »Das Entreebillett zur europäischen Kultur«, fand Heinrich Heine, sei die Taufe. 1825 trat er zum Protestantismus über.

»Arische Rasse« versus »semitische Rasse«

Mit der Veröffentlichung des Buches *Versuch über die Ungleichheit der menschlichen Rassen* in Frankreich, das rasch Verbreitung über die Grenzen des Landes hinaus fand, wurde die Spannung zwischen Christen und Juden auf einen »rassistischen Kern« reduziert. In seinem Machwerk versuchte Arthur de Gobineau den Beweis zu erbringen, dass die »arisch-nordische Rasse« bei jeder kulturschöpferischen Leistung Pate gestanden habe und die aus Vorderasien stammende »semitische Rasse« minderwertig sei. Das Elaborat diente später dem NSDAP-Rassenideologen Alfred Rosenberg ebenso als Stichwortgeber, wie die Idee Gobineaus Eingang in Adolf Hitlers *Mein Kampf* fand. Der Kampf gegen das Judentum war zu einer Rassenfrage geworden. Der Journalist Wilhelm Marr, getaufter Sohn eines jüdischen Schauspielers, gab der Auseinandersetzung zuerst einen Namen, Antisemitismus, und dann im Oktober 1879 eine Organisation, die »Antisemitische Liga«. Ihr Ziel: »Das deutsche Vaterland von der vollständigen Verjudung zu retten.« 1890 gründete sich dann die »Antisemitische Volkspartei«, die zeitweise über 16 Abgeordnete im Deutschen Reichstag verfügte.

»Diese Juden, die hier unter uns leben, die sich wie verzehrende Heuschrecken unter uns verbreiten, und die das ganze preußische Christentum mit dem Umsturz bedrohen, das sind Kinder derer, die da schrieen: kreutzige, kreutzige. Nun auf zur Rache! Unser Kampfgeschrey sey Hep! Hep! Hep!! Aller Juden Tod und Verderben. Ihr müsst fliehen oder sterben.«

Flugblatt, das 1824 bei den judenfeindlichen Ausschreitungen in Hamburg, Frankfurt am Main, Würzburg und anderen Städten verteilt wurde

Formale Gleichstellung

Die Gleichstellung der Juden mit den übrigen Bürgern der deutschen Teilstaaten vollzog sich nur langsam: Baden und Österreich-Ungarn ratifizierten ein solches Dekret 1862, Sachsen folgte sechs Jahre später, der Norddeutsche Bund 1869, mit Gründung des Deutschen Reiches 1871 wurde diese Regelung übernommen. Mit der rechtlichen Gleichstellung hatten die Juden zumindest den Status von Menschen im Deutschen Reich erlangt, fanden Vertreter der jüdischen Emanzipationsbewegung.

Das Leben der Juden in jener Gegend, die heute Deutschland genannt wird, hat sich in den ersten eineinhalb Jahrhunderten der nachchristlichen Zeitrechnung zwischen Integration und Abgrenzung, Stigmatisierung und Verfolgung bewegt.

Kaisertreue Juden, Zionisten und Chassiden

Durch Vaterlandstreue versuchten sich die Juden in die Gesellschaft des Kaiserreiches einzugliedern. Dass die Gesellschaft sie als Fremde begriff, änderte sich dadurch nicht. So entwickelte sich die Idee eines eigenen Nationalstaates.

Für »Kaiser, Volk und Vaterland«

Die Entwicklung in Deutschland wäre ohne »jüdisches Kapital« und jüdischen Intellekt nicht denkbar. Immer wieder stößt man heute beim Blättern in historischen Aufzeichnungen auf jüdische Namen und Biografien. Das Misstrauen großer Teile der christlichen Bevölkerung des Deutschen Reiches, das trotzdem blieb, versuchten Teile der jüdischen Reichsbürger durch Überanpassung zu kompensieren. »Nicht deutsche Juden sind wir, sondern jüdische Deutsche«, schrieb 1893 Raphael Löwenfelder, Direktor des Berliner Schillertheaters, kurz vor der Gründung des »Centralvereins deutscher Staatsbürger jüdischen Glaubens« (C.V.). Und als gut zwei Jahrzehnte später, 1914, deutsche Truppen gen Westen und Osten vorrückten, zogen 100 000 »jüdische Deutsche« unter dem Aufruf des C.V., »Eilet freiwillig zu den Fahnen«, in den Krieg. 35 000 jüdische Frontkämpfer wurden im Ersten Weltkrieg mit Ehrenzeichen dekoriert, 12 000 starben für »Kaiser, Volk und Vaterland«. 1918 gründete sich der »Reichsbund Jüdischer Frontsoldaten«.

Innerhalb des Judentums in Deutschland kam es im 19. Jahrhunderts zu gravierenden Änderungen im religiösen Ritus: Predigten in deutscher Sprache wurden üblich, 1819 erklang in Hamburg erstmals eine Orgel während eines Gottesdienstes. Der rabbinischen Gelehrsamkeit als Bibelausleger trat etwas Neues zur Seite, die »Wissenschaft des Judentums«, ein Begriff, der von Leopold Zuns (1794–1886) geprägt wurde. Abraham Geiger gründete die »Wissenschaftliche Zeitschrift für jüdische Theologie« und initiierte die »Hochschule für die Wissenschaft des Judentums« in Berlin. In Deutschland stand die Wiege des liberalen Judentums.

Reform der Religionsgebräuche

Die Säkularisierung im Judentum bedeutete jedoch nicht den vollständigen Verlust jüdischer Identität und jüdischer Religionsgebräuche: Noch immer fand sich die Familie am Freitagabend zusammen, um die Schabbat-

Sukkot/Laubhüttenfest

kerzen anzuzünden, und noch immer wurden mehrheitlich die Hohen Feiertage, das Neujahrsfest Rosch Haschana und das Versöhnungsfest Jom Kippur, begangen. Allerdings begriffen die Reformer das Judentum »nicht (als) etwas Fertiges, Endgültiges, sondern als etwas Lebendiges, das sich in organischer Wandlung befindet«. Dementsprechend wurde der Ritus modernisiert. Wurde die Religionsmündigkeit eines Jungen im Alter von 13 Jahren mit der Bar-Mizwa – »Sohn der Pflicht« –, dem ersten Aufruf in der Synagoge zum Lesen aus der Thora, begangen, so wurden Mädchen im Alter von zwölf Jahren mit der Bat-Mizwa zur »Tochter der Pflicht«. Auch die Begriffe modifizierten sich. Aus dem Juden wurde der Israelit oder Hebräer, aus der Synagoge ein Tempel und aus dem jüdischen ein mosaischer Glaube. Rechtgläubige, orthodoxe Juden bezeichneten die Mitglieder der Reformgemeinden als »unjüdische Juden«.

Zion wurde ursprünglich jener Teil Jerusalems genannt, in der der zerstörte Tempel lag, ein jüdisches Heiligtum. Vom ehemaligen Tempel steht nur noch ein Teil der »Kotel« genannten Westmauer.

Herzls Traum und die Entstehung der zionistischen Idee

Der Zionismus als politische Bewegung hat seinen Ausgangspunkt im Antisemitismus. Die Juden würden innerhalb der Völker als ein »heterogenes Element« begriffen, formulierte der polnische Arzt Leon Pinsker 1881

»Wir haben überall ehrlich versucht, in der uns umgebenden Volksgemeinschaft unterzugehen und nur den Glauben unserer Väter zu bewahren. Man lässt es nicht zu. Vergeblich sind wir treue und an manchen Orten sogar überschwängliche Patrioten, vergebens bringen wir dieselben Opfer an Gut und Blut wie unsere Mitbürger, vergebens bemühen wir uns, den Ruhm unserer Vaterländer in Künsten und Wissenschaften, ihren Reichtum durch Handel und Verkehr zu erhöhen. (...) Wer der Fremde im Lande ist, das kann die Mehrheit entscheiden; es ist eine Machtfrage, wie alles im Völkerverkehr.«

Theodor Herzl:
Der Judenstaat. Versuch einer modernen Lösung der Judenfrage.
Zürich 1987

nach antisemitischen Pogromen in Russland, deshalb bedürfe es einer sicheren Heimat für die Juden. Ähnlich argumentierte der österreichische Journalist Theodor Herzl, der als »Begründer des modernen Zionismus« in die Geschichte eingegangen ist. Aufgerüttelt hatte ihn 1895 die »Dreyfus-Affäre«. Der jüdische Hauptmann der französischen Armee, Alfred Dreyfus, wurde fälschlich der Spionage für Deutschland beschuldigt, degradiert und, als sich seine Unschuld herausstellte, nicht rehabilitiert. Theodor Herzl, dem die religiösen und kulturellen Inhalte des Judentums wenig bedeuteten, entwickelte sich zum Fürsprecher einer »Heimführung der Verbannten«.

Der zionistische Kongress und Erez Israel

Die Idee gewann großen Zuspruch. Die sozialistischen Juden sahen darin die Chance, durch die Überwindung der nationalen Zerstreuung eine gerechte und soziale Ordnung auf eigenem Boden aufzubauen. Für die religiösen Zionisten stand dagegen die Idee im Mittelpunkt, mit der »Rückkehr« nach »Erez Israel« die Ankunft des Messias vorzubereiten. Gemeinsam war ihnen lediglich die Idee eines nationalen Territoriums. Der erste Zionistische Kongress fand 1897 in Basel statt und endete mit dem Beschluss, »für das jüdische Volk die Schaffung einer öffentlich-rechtlich gesicherten Heimstätte in Palästina« anzustreben. In Verhandlungen mit dem in Konstantinopel residierenden osmanischen Machthaber Palästinas sollten die Bedingungen für die Ansiedlung von Juden geschaffen werden. Daneben bemühte sich Herzl bis zu seinem Tod im Jahre 1904, von den damaligen Großmächten England, Frankreich und dem Deutschen Reich die Zustimmung zur Gründung eines »Judenstaats« zu erhalten. 1907 betrug die Gesamtbevölkerung in Palästina 700 000, davon waren 80 000 Juden. Nach dem Ersten Weltkrieg wurde das Britische Empire dort Mandatsmacht. Bereits am 2. November 1917 hatte die britische Regierung in der so genannten Balfour-Deklaration ihr Wohlwollen bekundet, eine »jüdische Heimstätte« zu errichten. Doch erst am 14. Mai 1948 wurde der Staat Israel gegründet, am folgenden Tag begann der erste israelisch-palästinensische Krieg.

Die ostjüdische Migration

Seit Mitte des 13. Jahrhunderts hatten sich in Ländern wie Polen, Litauen, der Ukraine und Weißrussland Juden angesiedelt. In vielen Städten stellten die Juden die Bevölkerungsmehrheit. Die Menschen, oft Ultrafromme, wohnten im Schtetl in Reichweite einer Synagoge oder Betstube, um das »königliche Joch der religiösen Gesetze« einzuhalten. Anfang des 20. Jahrhunderts lebten sieben Millionen Juden in Osteuropa. Berufsbeschränkungen, Verarmung und Pogrome zwangen sie, ihre Heimatländer zu verlassen. Zwischen 1880 und 1929 wanderten knapp drei Millionen Juden aus: rund 2,4 Millionen in die USA, 170 000 nach England, 140 000 nach Argentinien, 95 000 nach Palästina, und etwa 100 000 siedelten sich in Deutschland an, viele in Berlin. Die alteingesessenen, zum Großteil assimilierten jüdischen Deutschen waren in der Mehrheit modern und emanzipiert. Das öffentliche Bild bestimmten jedoch die Glaubensbrüder und -schwestern aus dem Osten – »Ostjuden« genannt –, die ökonomisch eher zur Unterschicht gehörten. Sprachlich unterschieden sie sich durch das Jiddisch, das unter den deutschen Juden kein hohes kulturelles Ansehen hatte; äußerlich durch das Tragen der Peijes, der Schläfenlocken, den Kaftan, den sie unter einem schweren dunklen Mantel trugen, und die schwarzen Hüte, die ihre Ehrfurcht vor Jahwe, vor Gott, dokumentieren sollen. »Ostjuden«, meist nur »Polacken« oder »Schnorrer« genannt, wurde all das zugeschrieben, was in Deutschland verhasst war: Sie seien schmutzig, laut, roh, unsittlich und vor allem kulturell rückständig.

Bei den Chassiden – abgeleitet vom Wort Zaddiken (Gerechte) – handelt es sich um gläubige Männer, die im 17. Jahrhundert in Polen und Russland als Bettler und Händler auftraten, um jüdisches Bewusstsein und Wissen zu vermitteln. Durch die Erfüllung der jüdischen Religionsgesetze beziehungsweise -pflichten, der Mizwot, sagen sie, werde das Kommen des Messias beschleunigt.

Der Antisemitismus kam gerade in jenem Land an die Macht, in dem die jüdischen Gemeinden mehrheitlich auf dem Weg der Assimilierung weit fortgeschritten waren und die jüdische Frage eigentlich kein großes sozioökonomisches Problem mehr darstellte.

Ausgrenzung und Exodus

Die Nationalsozialisten begriffen sich als »Herrenrasse«, deren Bestimmung es sei, alle nichtarischen Völker zu unterjochen und über sie zu herrschen. Die Juden, die Semiten, galten ihnen als das »Böse« schlechthin.

»Nationalsozialismus: völkisch-antisemitische revolutionäre Bewegung in Deutschland (1919–1945), die sich 1920 als Nationalsozialist. Dt. Arbeiterpartei (NSDAP) organisierte und die unter Führung A. Hitlers in Dtl. 1933 eine Diktatur errichtete. Der N. wird in Wiss. und Publizistik (nicht unumstritten) auch als bes. radikale Form des Faschismus gesehen.«

Brockhaus. Die Enzyklopädie in 24 Bänden, Band 15

Erste Pogrome

Die Geschichte der Menschheit, so formulierte es Hitler in seinem 1924 erschienenen Buch *Mein Kampf*, sei die Geschichte eines ständigen Kampfes der Völker. Nur der Stärkere, der Wertvollere überlebe, und diesem habe sich der Schwächere unterzuordnen. Die »semitische Rasse« sei nicht in der Lage, einen Staat zu bilden. Aus dieser Unfähigkeit heraus versuche sie sich »Wirtsvölkern« zu bedienen. Durch die Vermischung mit ihnen und die Versklavung produktiv tätiger Völker wolle man die eigene Existenz erhalten. Bereits kurz nach der so genannten Machtergreifung begann der nationalsozialistische Terror. Den Reichstagsbrand am 27. Februar 1933 nutzte die Hitler-Regierung, um eine Notverordnung »zum Schutz von Volk und Staat«, das »Ermächtigungsgesetz«, zu erlassen, den Reichstag aufzulösen und politische Parteien und Organisationen zu verbieten. Kommunisten, Sozialisten, Anarchisten wurden verhaftet und ebenso wie linke jüdische Intellektuelle in die ersten errichteten Konzentrationslager eingeliefert. Oranienburg bei Berlin und Dachau in der Nähe von München sind Orte der ersten Phase nationalsozialistischen Terrors. Am 1. April propagierten SA-Truppen den »Boykott jüdischer Geschäfte«, beschmierten deren Fassaden und Schaufenster mit dem »Judenstern« und antisemitischen Parolen. Trotzig schrieb die zionistische Wochenzeitung *Jüdische Rundschau* in Erinnerung an die Stigmatisierung im 13. Jahrhundert: »Tragt ihn stolz, den gelben Fleck.«

Zünden des 2. Chanukka-Lichtes von Kindern des Jugendzentrums der Synagogen-Gemeinde Köln

Ausschluss

Am 7. April 1933 schufen sich die Nazis die erste gesetzliche Grundlage zur gesellschaftlichen Ausgrenzung der »Nachfahren Abrahams und Saras«. Auf Grundlage des »Gesetzes zur Wiederherstellung des Berufsbeamtentums« wurden alle Juden aus dem Staatsdienst entfernt. Von dem Ausschluss waren auch jene Personen betroffen, die durch Taufe zum Christentum übergetreten oder mit einer Jüdin oder einem Juden verheiratet waren. Richter wurden entlassen, Rechtsanwälten die Zulassung entzogen. Ärzte durften von Nichtjuden nur noch auf Privatrechnung konsultiert werden, die Krankenkassen verweigerten die Erstattung der Behandlungskosten. Jüdischen Studenten wurde die Immatrikulation verweigert. Das »Reichserbhofgesetz« von September 1933 duldete in der Landwirtschaft nur noch Erben, die seit 1800 keine jüdischen Vorfahren mehr aufwiesen.

Rassegesetze

Erregten die ersten Boykottmaßnahmen noch vereinzelte Ablehnung der Bevölkerung, so stießen die folgenden Maßnahmen auf keinen ernsthaften Widerstand.

Als am Abend im Fackelschein die nationalsozialistischen Sturmabteilungen (SA) durch das Brandenburger Tor marschierten, lebten in der Hauptstadt des »Deutschen Reichs« zwischen 160 000 und 170 000 Juden. In Deutschland wurden im gleichen Jahr bei einer offiziellen Volkszählung 499 682 Menschen registriert, die sich zum jüdischen Glauben bekannten, 0,77 Prozent der Gesamtbevölkerung. Weitere rund 380 000 bezeichneten sich als von »jüdischer Abstammung«, das heißt, sie hatten sowohl Juden als auch Nichtjuden unter ihren Vorfahren. Mit der ordnungsgemäßen Beteiligung an der Volkszählung hatte die jüdische Bevölkerung unfreiwillig den »Rassentheoretikern« um Alfred Rosenberg jene Daten geliefert, die später in die Einteilung in »Volljuden« oder »Halbjuden« mündeten und den Exekutivorganen das Wissen verschafften, wen sie wo abholen mussten.

Am 15. September 1935 wurden die so genannten Nürnberger Gesetze erlassen – das »Reichsbürgergesetz« und das »Gesetz zum Schutze des deutschen Blutes und der deutschen Ehre«. Beide Verordnungen dienten der »blutmäßig bedingte(n) klare(n) Scheidung zwischen Deutschtum und Judentum«. Wer jüdische Ahnen hatte, wurde zum Bürger zweiter Klasse, dessen Pariastellung sich durch die Zugehörigkeit zu einer »artfremden Rasse« begründete. Auch jene, die keinen Kontakt mehr zum jüdischen Glauben oder zur jüdischen Gemeinschaft hatten, wurden durch die »Blutsverwandtschaft« zu »Volljuden«, oder dadurch, dass einer ihrer Elternteile oder deren Vorfahren jüdisch waren und in der jüdischen Religion erzogen worden waren, zu »Geltungsjuden« – ein »Ariernachweis« entschied darüber, ob man zum Volk gehörte oder als »Halbjude«, »Vierteljude«, »Achteljude« kategorisiert wurde. Mit der »Zweiten Verordnung zur Durchführung des Gesetzes über die Änderung von Familiennamen« wurden männliche Juden gezwungen, als zusätzlichen Namen »Israel« in ihren Ausweisen eintragen zu lassen, Frauen den Beinamen »Sara«. Seit dem 1. September 1941 mussten alle Juden einen gelben Davidstern mit dem Schriftzug »Jude« auf ihrer Kleidung tragen. Bis 1941 wurden insgesamt 2000 Gesetze und Verordnungen erlassen, die die Juden schrittweise rechtlos machten.

Boykott

Vor der nationalsozialistischen Machtübernahme 1933 gab es im »Deutschen Reich« etwa 50 000 Einzelhandelsgeschäfte mit jüdischen Besitzern. Nach den ersten Boykottaktionen reduzierte sich die Zahl der Händler rapide. Im Juli 1938 war die Zahl »jüdischer Geschäfte« auf 9000 gesunken. Durch Zwang oder freundlich-bedrohliche Überredungskunst gingen große Kaufhäuser, Industrieunternehmen und Handelsketten ebenso in arischen Besitz über wie kleine Tante-Emma-Läden. Die Goldgräberstimmung der Vertreibungsgewinnler machte aus kleinen Verkäufern Inhaber eines Schuhgeschäftes, aus Bankangestellten Bankbesitzer und aus Nachbarn Empfänger von gebrauchten, aber noch gut erhaltenen Wohnungseinrichtungen.

»Als die Nazis die Kommunisten holten,
habe ich geschwiegen;
Ich war ja kein Kommunist.

Als sie die Sozialdemokraten einsperrten,
habe ich geschwiegen;
ich war ja kein Sozialdemokrat.

Als sie die Gewerkschafter holten,
habe ich geschwiegen;
ich war ja kein Gewerkschafter.

Als sie die Juden holten,
habe ich geschwiegen,
ich war ja kein Jude.

Als sie mich holten,
gab es keinen mehr,
der protestieren konnte.«

Martin Niemöller

Auswanderung

Die wirtschaftliche Verdrängung führte zu einer ansteigenden Auswanderung der jüdischen Bevölkerung aus Deutschland, ein beabsichtigter Effekt: Die Einführung einer »Reichsfluchtsteuer« »schöpfte« die Erlöse aus dem Verkauf von Unternehmen, Liegenschaften und Wohnungseinrichtungen ab. Überhöhte Zwangsabgaben für die Ausreisegenehmigung und die Konfiszierung von mit Ausfuhrverboten belegten Gegenständen füllten die Staatskassen. Die arischen Deutschen konnten sich bei der staatlichen legalisierten »Schnäppchenjagd« an den zurückgelassenen Möbeln und mobilen Werten ihrer geflohenen früheren jüdischen Nachbarn bereichern. Als im Herbst 1941 ein »Auswanderungsverbot« für Juden erlassen wurde, betrug die Zahl der Zurückgebliebenen knapp 170 000. Zwischen 1933 und 1938 dürften etwa 40 000 Jüdinnen und Juden nach Palästina geflohen sein, weitere 20 000 bis 30 000 fanden eine sichere Bleibe in Argentinien, 4000 in Südafrika. Die meisten, etwa 132 000, konnten in die Vereinigten Staaten von Amerika emigrieren, obwohl die Regierung dort von den Einwanderern eine Bürgschaft eines in gesicherten Verhältnissen lebenden US-Bürgers verlangte, ein so genanntes Affidavit.

»Nach dem 13. März 1938 gerieten durch den ›Anschluss‹ die rund 200 000 österreichischen Juden, von denen der größte Teil in der hochkultivierten jüdischen Gemeinde Wiens lebte, über Nacht in den Machtbereich des NS-Regimes und bekamen die braune Gewaltherrschaft zu spüren (...). Eine Terrorwelle brach los.«

Werner Keller: Und wurden zerstreut unter alle Völker. Die nachbiblische Geschichte des jüdischen Volkes. München 1966

Durch systematischen Terror und gesetzlich legitimierte Ausgrenzung zwangen die Nationalsozialisten in den ersten Jahren ihres Terrorregimes Oppositionelle und Juden zur Auswanderung.

Évian und das Novemberpogrom

Die Massenflucht von Juden aus Deutschland versuchten die ausländischen Regierungen zu regulieren. »Das Boot ist voll«, formulierte die Schweizer Regierung ganz offen. Andere Länder wollten nur vermögende Immigranten akzeptieren.

»Von Anfang des Jahres 1938 an spürte man, dass nahes Unheil in der Luft lag und dass wir nicht mehr Zeit zu langsamer Planung und Vorbereitung der Auswanderung hatten.«
Kurt Jakob Ball-Kaduri, Erinnerungen

Die Konferenz von Évian

Die Regierung Adolf Hitlers spielte ein perverses Spiel. Auf der einen Seite wollte sie die Juden aus Deutschland vertreiben, auf der anderen Seite wollte sie verhindern, dass die Vertriebenen durch die Mitnahme ihres Geldes die gerade angekurbelte Konjunktur schwächten. Aber weder die an Deutschland angrenzenden Staaten, in denen bereits viele Flüchtlinge Zuflucht gefunden hatten, noch die Staaten in Übersee, die an Einwanderern durchaus Interesse zeigten, wollten arme jüdische Flüchtlinge aufnehmen. Durch Repressionen und alltäglichen Terror sollte die jüdische Bevölkerung zur Flucht aus Deutschland gezwungen und die Anrainerstaaten zur Aufnahme der Flüchtlinge genötigt werden. Vom 6. Juli bis zum 15. Juli 1938 trafen sich im französischen Kurort Évian-Les-Bains am Genfer See die Außenminister und diplomatischen Vertreter von etwa drei Dutzend Staaten, um über die jeweiligen »Aufnahmekapazitäten« zu debattieren. Hitler-Deutschland lehnte eine Teilnahme kategorisch ab. Lediglich der Vertreter der Dominikanischen Republik fand sich bereit, Juden aus Deutschland und Österreich aufzunehmen. Spätestens seit der Konferenz von Évian war deutlich, dass niemand die in Deutschland verbliebenen Juden aufnehmen wollte.

Der Rabbiner bringt eine Mesusa an.

Die Reichspogromnacht

Bereits im Januar 1937 war ein Szenarium beim Sicherheitsdienst des Reichsführers SS (RFSS) entworfen worden, den Juden endlich die Basis für ein Bleiben zu nehmen. »Das wirksamste Mittel, um den Juden das Sicherheitsgefühl zu nehmen«, heißt es in dem mehrseitigen Bericht, »ist der Volkszorn, der sich in Ausschreitungen ergeht. Trotzdem diese Methode illegal ist, hat sie langanhaltend gewirkt.« Für den Anlass sorgten die Nazis. Im Oktober 1938 ließ die Reichsregierung alle polnischstämmigen Juden gewaltsam über die polnische Grenze abschieben. Die polnische Regierung weigerte sich allerdings, die ehemaligen Staatsbürger aufzunehmen. Tagelang blieben die Deportierten im Niemandsland. Zu den etwa 1700 Abgeschobenen zählten auch die Eltern von Herschel Grünspan. Der 17-Jährige lebte in Paris und rächte die Eltern: Am 7. November schoss er in der deutschen Botschaft auf den Legationssekretär Ernst von Rath. Als dieser am 9. November starb, gab Hitler die Anweisung zu einem »Rachefeldzug«. Bei der Reichspogromnacht – von den Nazis als »Reichskristallnacht« apostrophiert, weil dabei so viele Scheiben »klirrten« – wurden 91 Menschen ermordet, Synagogen zerstört oder in Brand gesetzt, Geschäfte und Wohnungen der jüdischen Bürger geplündert und zerstört, 25000 Juden in Konzentrationslager verschleppt. Die »Verordnung über die Wiederherstellung des Straßenbildes« zwang die deutschen Juden, für die Schäden in Höhe mehrerer Millionen Reichsmark selbst aufzukommen. Als »Sühneleistung« musste zusätzlich eine Milliarde Reichsmark an den Staat gezahlt werden.

»Die Frage, ob Deutschland die Transferierung von Kapital in jüdischen Händen erleichtern könne, müsse verneint werden, da ein Transfer des von den Juden – vor allem nach dem Kriege – angesammelten Kapitals Deutschland nicht zugemutet werden könne. Zwar wolle das Deutsche Reich die Juden ziehen lassen, allerdings nur mittellos.«

Rundschreiben an die Botschaften des Deutschen Reiches, verfasst vom Staatssekretär im Außenministerium, Ernst Freiherr von Weizsäcker, dem Vater des späteren Bundespräsidenten Richard Freiherr von Weizsäcker, im Juli 1938

Ausgewanderte Juden – Altreichgebiet:

1933	64300
1934	45000
1935	35500
1936	34000
1937	25500
1938	49000
1939	68000
1940	18675
Gesamtzahl	341975

Offizielle Statistik, NS 19/3978 Bl. 2, Bundesarchiv Berlin

Das nationalsozialistische Regime reagierte auf seine Weise auf die Évian-Konferenz: Mit der Reichspogromnacht versuchte es, eine jüdische Massenflucht zu initiieren und die angrenzenden Länder zu zwingen, auch vermögenslose Juden aufzunehmen.

»Jüdische Selbstverwaltung« unterm Hakenkreuz

Erst unter dem Nationalsozialismus vereinigten sich die Juden organisatorisch. Die Nazis versuchten später, die »Reichsvertretung der Juden in Deutschland« für ihre Zwecke zu funktionalisieren.

»Die erste Sorge der Judenheit musste daher darauf gerichtet sein, in dieser delikaten Situation, es war sozusagen ein Seiltanz, zunächst eine möglichst effektive Zentralstelle zu bilden, die die gesamte Judenheit repräsentieren würde, und dann versuchen, dort Beziehungen zu knüpfen, wo es noch möglich war. (...) Daher ist die Periode der Reichsvertretung zugleich eine Periode jüdischen Bewusstseinswandels und der Selbstbesinnung.«

Robert Weltsch. In: Jüdische Selbsthilfe unter dem Naziregime 1922–1939. Tübingen 1974

Organisatorisches Nebeneinander

Die jüdische Bevölkerung in Deutschland war im religiösen Sinne und in ihrem »politischen Selbstverständnis« keineswegs eine homogene Gruppe, nicht vor Hitlers Machtübernahme und danach auch nicht. Vor 1933 war es nie gelungen, eine einheitliche, alle Juden in Deutschland repräsentierende Organisation zu gründen. Zwar gab es seit Mai 1893 den »Central-Verein deutscher Staatsbürger jüdischen Glaubens« (C.V.). Daneben existierten aber zahlreiche zionistische Zusammenschlüsse; der Bund Gesetzestreue Juden, die nach den Buchstaben der Thora und des Talmuds lebten; liberale Juden, die sich der Reform der jüdischen Religionsausübung verschrieben hatten, den Gottesdienst veränderten, Frauen nicht mehr auf der Empore getrennt, sondern mit den Männern gemeinsam sitzen ließen. Seit September 1928 gab es zudem eine »Arbeitsgemeinschaft der jüdischen Landesverbände des Deutschen Reiches«.

Zwangszusammenschluss

Erst der nationalsozialistische Terror zwang die jüdische Gemeinschaft, sich zusammenzuschließen. Im April 1933 fand die konstituierende Sitzung des »Zentralausschusses der deutschen Juden für Hilfe und Aufbau« statt. Dieser sollte hauptsächlich die Auswanderung der »Unerwünschten« organisieren. Unter dem Druck der äußeren Bedrohung formierte sich dann am 17. September 1933 die »Reichsvertretung der Deutschen Juden«. In ihr waren die größten jüdischen Verbände zusammengeschlossen. Vorsitzender der Reichsvertretung wurde Leo Baeck, der Leiter der Hochschule für die Wissenschaft des Judentums, ein liberaler Rabbiner. Diese Organisation wurde am 10. Juli 1939 zwangsweise aufgelöst. An ihre Stelle trat die »Reichsvertretung der Juden in Deutschland«, eine zwar von Baeck weiterhin geleitete Vereinigung, die aber unter der Kontrolle des Reichsministeriums des Innern und der Gestapo, der Geheimen Staatspolizei, stand. Jeder als »Jude« geltende Mensch musste in ihr Mitglied sein, im Sommer 1941 waren in Deutschland 167 245 Juden erfasst.

Kultusgegenstände, die zum Schabbat gebraucht werden: Wein, Kiddusch-Becher, Gebetbuch, Kerzen, Challot-Brot, Messer

Gratwanderung

Baeck und seine Vorstandskollegen versuchten eine Gratwanderung: Auf der einen Seite wollten sie den jüdischen Interessen dienen, zum anderen versuchten die Nazis, die »Reichvertretung« als Kontrollinstrument der jüdischen Gemeinschaft zu funktionalisieren. Trotz des Terrorregimes versuchte die staatlich kontrollierte Selbstorganisation der Juden, die Mindestkonditionen eines religiösen Lebens und das ökonomische Überleben ihrer Mitglieder zu organisieren, Schulunterricht und Religionserziehung, Gesundheitsversorgung und Sozialbetreuung, rabbinische »Seelsorge« und Hilfe bei der Auswanderung zu garantieren. Aber vielfach lief die Arbeit der »Reichsvertretung« darauf hinaus, die Anweisungen der Gestapo an die Mitgliedsgemeinden weiterzuleiten und für deren Umsetzung zu sorgen.

Auch während des Naziregimes schaffte es die jüdische Gemeinschaft, wenn auch nur unter großen Schwierigkeiten, ein religiöses Leben aufrechtzuerhalten. Gemeindeinstitutionen halfen den Menschen, ihr Überleben zu organisieren.

»Endlösung der Judenfrage«

Nach der Konferenz im französischen Kurort Évian-Les-Bains begannen 1938 unter Federführung von Adolf Eichmann die Planungen für die systematische und industrielle Vernichtung der Juden.

»Ich bin bereit, Ihnen eine Million Juden zu verkaufen. Ware für Blut – Blut für Ware. Sie können sich diese Million aus allen Ländern holen, in denen es noch Juden gibt, aus Polen, aus der Ostmark, von Theresienstadt, von Auschwitz, von wo immer Sie wollen. Was wollen Sie gerettet haben? Zeugungsfähige Männer? Gebärfähige Frauen? Greise? Setzen Sie sich und reden Sie!«

Adolf Eichmann, Judenreferent im Reichssicherheitshauptamt, am 25. April 1944 zu Joel Brand, Sprecher der ungarischen Juden. Eichmann floh nach dem Krieg nach Argentinien, wurde dort vom israelischen Auslandsnachrichtendienst Mossad entführt und nach einem Prozess in Israel hingerichtet.

Die Wannsee-Konferenz

Die Vernichtung der Juden wurde seit 1938 minutiös geplant. Erst liefen die Vorbereitungen für die »Endlösung der Judenfrage« zögerlich an, wurden dann allerdings ab 1941, kurz nach dem Überfall auf die Sowjetunion, mit brutaler und akribischer Systematik vorangetrieben. Nach der Phase der Ausgrenzung und der faktisch gescheiterten totalen Vertreibung der Juden begannen die Jahre der Vernichtung. Auf der so genannten Wannsee-Konferenz in Berlin wurde am 20. Januar 1942 die »Endlösung der Judenfrage« beschlossen. Einer der verantwortlichen Planer war Adolf Eichmann.

»Aktion Reinhard«

Reichsmarschall Hermann Göring erteilte Ende Juli 1941 eine Generalvollmacht, um die von Deutschland besetzten Gebiete und das Reich »judenfrei« zu machen. »Auf Befehl Hitlers« erhielt der Reichsführer SS, Reinhard Heydrich, die Anweisung »für eine Gesamtlösung der Judenfrage im deutschen Einflussgebiet in Europa«. Die Massenmorde begannen mit der Exekution von etwa einer Million galizischer und ukrainischer Juden, die zum Teil mit Beteiligung der Deutschen Wehrmacht stattfand. Parallel dazu fanden »Experimente« statt, die Tötungsmaschinerie »effektiver« und »unauffälliger« zu gestalten. Zwischen März 1941 und Dezember 1942 wurden im Vernichtungslager Belzec mindestens 600 000 Menschen mit Kohlenmonoxid aus Lkw-Motoren umgebracht. Im Dezember 1941 begann man im Vernichtungslager Chelmno, ab Mai 1942 in Sobibór und ab Juli 1942 in Treblinka, für die Ermordung mobile Gaswagen einzusetzen. Dabei wurde auf Erfahrungen zurückgegriffen, die bei der »Aktion T4«, der Ermordung von körperlich oder geistig Behinderten, gemacht worden waren.

»Papa!
Sind abgeholt.
Komme sofort nach
zur Gr. Hamburger.
Klaus und Mama.«

Klaus Scheurenberg, Text eines Zettels an der Wohnungstür der Familie in Berlin

Industrielle Vernichtung

In Auschwitz-Birkenau und Majdanek funktionierten seit Sommer 1942 Gaskammern, in denen die Menschen mit Zyklon B »vergast« wurden. Nur zwischen zehn und 15 Prozent der Menschen, die mit einem Transport im KZ ankamen, wurden vor ihrer Ermordung beim Arbeitseinsatz »vernutzt«. Die Alten, Kranken und Kinder wurden sofort nach ihrer Ankunft im Lager zur »Desinfektion« in die als Duschen getarnten Gaskammern getrieben. Ihnen wurden zuvor sämtliche Kleidung und Wertgegenstände abgenommen. Später mussten Gefangene den Leichen Goldzähne und -brücken rausbrechen. Das Gold wurde eingeschmolzen, der Verkauf diente zur Finanzierung des Krieges. Die Kleider wurden »recycelt«, Brillen, Schuhe und Uhren fanden neue Nutzer, aus den Haaren der Toten wurden Filzeinlagen für Militärstiefel. In Auschwitz-Birkenau, einem 40 Quadratkilometer großen Gelände, wurden in zwei Jahren mehr als 1,75 Millionen Juden ermordet, in Majdanek 1,5 Millionen, in Treblinka 974 000, in Belzec 600 000, in Sobibór 250 000 und in Chelmno 125 000 Frauen, Männer und Kinder.

Eine Thorarolle (5 Bücher Moses) der Jüdischen Gemeinde in Köln

Historiker schätzen die Zahl der ermordeten Juden auf rund sechs Millionen. Bei Sinti und Roma liegen die Schätzungen zwischen 220 000 und einer halben Million. Erstes »Experimentierfeld« war die Ermordung »geistig Behinderter«.

Überleben in der Illegalität

Es ist eine Mär, dass sich Juden nicht gewehrt haben. In Osteuropa gab es bewaffneten jüdischen Widerstand. Im »Deutschen Reich« widersetzten sich Jüdinnen und Juden, indem sie versuchten, in der Illegalität zu überleben.

Als »U-Boot« überleben

Einer der »U-Boote«, der von März 1943 bis April 1945, der Befreiung Berlins, in einer Gartenlaube überlebte, war der spätere Showmaster – »Dalli Dalli« – Hans Rosenthal. Er war als Zwangsarbeiter geflohen. Als er in der Laubenkolonie »Dreieinigkeit« den russischen Soldaten mit seinem gelben Stern auf der Brust entgegenging, wäre er beinahe erschossen worden. Zuvor hatten die Einheiten der Sowjetarmee wiederholt erlebt, dass sich SSler mit dem »Judenstern« als Opfer getarnt hatten. Ein Gebet rettete Rosenthal: »Schema Israel, Adonaj Elohejnu, Adonaj echad – Höre Israel, der Ewige ist unser Gott, der Ewige ist einzig.«

Das alltägliche Leben der Juden war unerträglich in Deutschland: mit dem gelben Stern für die Volksgenossen sofort erkennbar, mit dem Verbot belegt, sich nicht auf öffentliche Parkbänke zu setzen, von Theateraufführungen, Konzerten und Kinovorführungen ausgeschlossen. Trotzdem versuchten immer wieder Jüdinnen und Juden, die Beschränkungen zu umgehen. Mit einem großen Risiko: Wer bei einer Straßenkontrolle an einem verbotenen Ort oder ohne den »Judenstern« aufgegriffen wurde, wurde in eines der Vernichtungslager deportiert. Jeder heimliche Kinobesuch konnte den Tod zur Folge haben. Im Anschluss an die so genannte »Fabrik-Aktion« 1943 in Berlin, bei der alle »nichtprivilegierten« Juden festgenommen wurden, stieg die Zahl der untergetauchten Juden. Die Gestapo richtete deshalb einen speziellen Fahndungsdienst ein. Jüdische Kollaborateure, »Greifer«, sollten an zentralen Plätzen oder Bahnhöfen untergetauchte Juden identifizieren, ihren Aufenthaltsort lokalisieren und für deren Festnahme sorgen. Nach verschiedenen Schätzungen lebten allein in Berlin im Sommer 1943 zwischen 3000 und 4000 Untergetauchte, im Sprachgebrauch der Verfolgten »U-Boote« genannt.

Widerstand – mit dem Mut der Verzweiflung

Aber es gab auch militanten Widerstand. In Berlin, das nach wie vor Zentrum »jüdischen Lebens« war, organisierte sich eine bis heute kaum wahrgenommene kommunistisch-jüdische Widerstandsgruppe. Diese Gruppe verübte im Mai 1942 einen Brandanschlag auf die nationalsozialistische Propagandaschau »Sowjetparadies«. Mit schlimmen Folgen für die Jüdische Gemeinde: Noch nicht deportierte Gemeindemitglieder wurden verhaftet, 154 von ihnen am nächsten Tag im Konzentrationslager Sachsenhausen erschossen. Die Mehrzahl der Mitglieder der »Baum-Gruppe« wurde verhaftet und ermordet. Und ein Zeichen dafür, dass man selbst »unterm Hakenkreuz« Zivilcourage zeigen konnte, setzten Frauen in Berlin, die mit jüdischen Männern verheiratet waren. Ihre Ehemänner waren bei der »Fabrik-Aktion« im Februar 1943 festgenommen und in einem Gebäude in der Rosenstraße festgehalten worden. Die Frauen belagerten das Haus so lange, bis die Inhaftierten wieder freigelassen wurden.

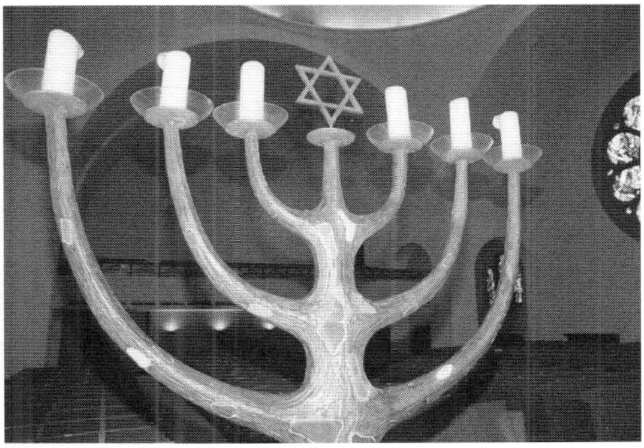

Menora, Siebenarmiger Leuchter in der Kölner Synagoge. In der Mitte mit Davidstern. Der Leuchter wurde von Konrad Adenauer zur Wiedereröffnung der Kölner Synagoge 1959 gestiftet.

Der Krieg und die zunehmenden Niederlagen der Wehrmacht an der Ostfront machten die Lage zwar auf der einen Seite noch unerträglicher, allerdings bewirkten die ständigen Bombardierungen ein Chaos auf der Straße, durch das sich auch Kontrollen umgehen ließen. Zerbombte und zerstörte Bauruinen boten ideale Versteckmöglichkeiten für Illegale. Auf Dachböden zwischen Gerümpel, in mit Schränken getarnten Wandnischen, in den letzten Ecken eines Kellergewölbes, auf Bauernhöfen als ausgebombte »arische Verwandtschaft« oder in Laubenpieperkolonien überlebten schätzungsweise 15 000 Jüdinnen und Juden im »Dritten Reich« die nationalsozialistische Verfolgung.

Die Vernichtung der Juden war die »größte Katastrophe des Judentums«, sagen jüdische Historiker. Fast die Hälfte aller Juden der ganzen Welt wurde hiervon berührt. Die europäische Phase der jüdischen Geschichte hatte ein gewaltsames vorläufiges Ende gefunden.

Vom Anfang nach dem Ende – West

In einer Gesellschaft, die sich von den alliierten Streitkräften besiegt und nicht vom nationalsozialistischen Terrorregime befreit fühlte, mussten die Juden entscheiden: auswandern oder weiter unter ihren ehemaligen Verfolgern leben.

Deutschland war ein Trümmerhaufen, als am 8. Mai 1945 die »Kapitulationsurkunde« unterzeichnet wurde. Die Soldaten, die ein »Großdeutsches Reich« errichten »und morgen die ganze Welt« unter ihre Herrschaft bringen wollten, waren in Gefangenschaft gekommen oder kehrten als Geschlagene zurück. Eine Gesellschaft im Zustand der Auflösung lebte zwischen Hausruinen und Bombentrichtern. Die »Schnäppchenjäger« von gestern fühlten sich im Elend der »Niederlage« als Opfer eines brutalen Krieges. Die KZ-Wächter und Totschläger im Dienste des NS-Regimes hatten wieder Zivilkleidung angezogen, die Brandstifter von gestern machten in Biedermänner von heute. Niemand hatte etwas gesehen, niemand hatte etwas gewollt, und natürlich hatte auch niemand etwas gemacht.

Heimatlos unter Mördern

Das besiegte Deutschland war nach dem Krieg in vier Besatzungszonen aufgeteilt worden: die amerikanische im Süden, die englische im Norden, die französische im Westen. Östlich der Elbe begann die sowjetische Besatzungszone. Die frühere »Reichshauptstadt« Berlin hatten die Alliierten in vier Herrschaftsbereiche untergliedert. Zwischen acht und elf Millionen entwurzelte und heimatlose Menschen befanden sich in Österreich und Deutschland im wahrsten Sinne des Wortes auf »Wanderschaft«: Verschleppte aus Ost und West; Zwangs- und Sklavenarbeiter; ehemalige Nazi-Kollaborateure; aus Angst vor den »Russen« aus den »deutschen Ostgebieten« Geflohene; demilitarisierte Wehrmachtsangehörige; aus den Konzentrationslagern Befreite; Illegale, die sich endlich wieder frei bewegen konnten; Überlebende der »Todesmärsche«. Opfer wie Täter zogen entwurzelt durch die verwüstete Nachkriegslandschaft.

Displaced Persons – kaum befreit, erneut im Lager

Um der Flut der Menschen, dem damit verbundenen Chaos und der Plünderungen Herr zu werden, aber auch um die Repatriierungen geordnet und beschleunigt durchführen zu können, beschlossen die Alliierten, alle »Fremden« in Lagern unterzubringen. Innerhalb eines Vierteljahres wurden über fünf Millionen dieser Entwurzelten – »Displaced Persons«, kurz »DPs« genannt – von

Beim Pessach-Fest wird der Auszug der Juden aus Ägypten gefeiert.

den Alliierten in ihre jeweiligen Heimatländer »repatriiert«. Schwieriger war die Situation der rund 40 000 bis 45 000 jüdischen DPs: »Gerettete Reste« nannten sie sich selbst. »Die Bezeichnung war Beschreibung und Identitätsfindung zugleich«, beschrieb der Schoa-Überlebende Abraham Peck die Situation, »es war mehr als nur die Bezeichnung für diejenigen, die mit Glück überlebt hatten. Es war auch eine Identität.« Das Wiederaufflackern des Antisemitismus in Osteuropa und Pogrome in Polen lösten eine neue Fluchtbewegung aus und ließen die Zahl der jüdischen DPs in den drei westlichen Besatzungszonen bis 1947 auf 200 000 hochschnellen. Und alle wurden in Lager eingewiesen. In Berlin lebte der Kern der jüdischen DP-Gemeinschaft in jener Wannsee-Villa, in der 1942 die »Endlösung der Judenfrage« diskutiert und beschlossen worden war. In Süddeutschland, wo die meisten DP-Lager waren, befanden sich diese in der Nähe und oft auch auf dem Gelände ehemaliger Konzentrationslager. Anfänglich war es sogar so, dass die Alliierten die befreiten Opfer mit den festgehaltenen Tätern

»Wir können nicht annehmen, dass es Juden gibt, die sich nach Deutschland hingezogen fühlen. Hier riecht es nach Leichen, nach Gaskammern und nach Folterzellen. Aber tatsächlich leben heute noch ein paar Tausend in Deutschland. Dieser Rest jüdischer Siedlung soll so schnell wie möglich liquidiert werden (...). Deutschland ist kein Boden für Juden.«

Robert Weltsch, 1946

»Nach meiner Auffassung, und ich stehe mit ihr durchaus nicht allein, haben wir deutsche Juden nicht nur das Recht, sondern die Pflicht, hier in Deutschland auszuharren und wieder aufzubauen das, was man uns genommen hat. 8 ½ Milliarden jüdischen Kapitals sind uns geraubt worden, und in der Zeit der Befreiung haben wir gekämpft für die Wiedergutmachung dieses Schadens.«

Hans Frey. In: Jüdisches Gemeindeblatt, Köln, Nr. 15 vom 9.11.1946

zusammen internierten. Eine Situation, die von Seiten der jüdischen Gemeinschaft zu heftigen Protesten führte, aber erst nach handfesten Auseinandersetzungen geändert wurde.

Zwischen Trümmern – Warten auf die Ausreise

Die Displaced-Persons-Lager waren die Orte, an denen die »Davongekommenen« nicht nur versuchten, die »verstreuten Reste« zu sammeln, Nachrichten von ihren Verwandten zu bekommen, von denen allerdings viele in den KZs ermordet worden waren, sondern auch, wieder jüdisches Leben zu rekonstruieren. »Die in den Lagern befreiten Juden wollen alles nachholen«, so beschrieb damals ein DP die Situation, »sie hungern nach ›Jüdischkeit‹.« Mit Hilfe des American Jewish Joint Distribution Committee (›Joint‹), des Jüdischen Weltkongresses, der Jewish Agency und der United Nations Relief and Rehabilitation Agency (UNRRA) wurden die jüdischen Lager zu Zentren jüdischen Kultur- und Kultuslebens, sie wurden zu Jeschiwot, zu Religionsschulen. Und die Schoa hatte viele durch die Macht des Faktischen von der zionistischen Idee überzeugt: Mit einem jüdischen Staat wäre die »große Katastrophe« niemals über das »Volk Israel« hereingebrochen.

Insel der Jüdischkeit

Die Menschen warteten darauf, nach Palästina auswandern zu können, über das zu diesem Zeitpunkt noch die britische Krone herrschte, oder in die Vereinigten Staaten von Amerika. Doch bis es so weit war, lernten »heimatlose Jidn« Hebräisch, studierten das Judentum und die Geschichte des Zionismus. Es erschienen Dutzende von Lagerzeitungen und Zeitschriften, Lagertheater und Musikgruppen wurden organisiert. Eine Insel der Jüdischkeit entwickelte sich im Land der Mörder. »In keinem Lager fehlt es an einer Synagoge oder anderen Einrichtungen, die religiöse Juden brauchen. Jedes Lager hat jetzt seine koschere Küche, und in allen größeren Lagern amtieren Rabbiner«, berichtet ein Zeitzeuge, der über den großen Teich gekommen war, um die Lage der Glaubensgenossen zu erkunden.

»Gemeinden in Abwicklung«

Seit Kriegsende tobte innerhalb der jüdischen Gemeinschaft ein heftiger Streit. Die einen forderten: »Nie wieder darf ein Jude deutschen Boden betreten.« Die anderen wollten den Nazis nicht den späten Triumph lassen, doch noch die Vertreibung der Juden aus Deutschland geschafft zu haben. Die Gegner eines Exodus waren in der Minderheit. Auf einer »Tagung über Rück- und Weiterwanderungsfragen« im Frühjahr 1945 im Schweizer Montreux lehnte beispielsweise die Mehrheit der dort versammelten Jüdinnen und Juden eine Rückkehr nach Deutschland »mit Abscheu« ab, weil sie »unmöglich wieder zu einem Volk stoßen könnten, aus dessen Mitte die Mörder des jüdischen Volkes kamen«. In den drei Westzonen scharte sich lediglich ein kleines Häuflein um die wenigen nicht vollständig zerstörten jüdischen Kultstätten. Bereits zwei Monate nach der Kapitulation Deutschlands hatte sich am 1. Juli 1945 das »Zentralkomitee der befreiten Juden in der amerikanischen Zone« konstituieren können. Ähnliche Zusammenschlüsse folgten in den anderen Zonen. Die Mehrheit der wenigen wollte jedoch auswandern. Die jüdischen Gemeinden in den insgesamt 70 Städten in Westdeutschland wurden als »Liquidationsgemeinden« begriffen, als »Gemeinden in Abwicklung«.

»Wer die Lage in Deutschland mit offenen Augen als Jude (...) betrachtet, muss einsehen, dass der Antisemitismus während der Naziherrschaft so tiefe Wurzeln im deutschen Volke gefasst hatte, dass er auch jetzt, während der Okkupationszeit, weiterexistiert. (...) Wer mit eigenen Augen gesehen und auf eigenem Körper gespürt hat, wie das Volk der Dichter und Denker, wie die Nachkommen von Lessing und Schiller sich in wilde Kannibalen verwandelt hatten, wer die Nacktheit der Ungerechtigkeit und der Barbarei beim deutschen Menschen von nächster Nähe, als Opfer, wahrgenommen hatte, der muss mit dem römischen Dichter Vergilius ausrufen: (...) Fliehe die grausamen Landen, fliehe das Ufer voll Habsucht.«

Dr. S. Schapira. In: Jüdisches Gemeindeblatt, Köln, Nr. 16 vom 27.11.1946

Obwohl die Mehrzahl der Schoa-Überlebenden aus dem Nachkriegsdeutschland ausreisen wollte, bildeten sie und die aus Osteuropa stammenden jüdischen DPs die Keimzelle der jüdischen Gemeinden in Westdeutschland.

»Neues Beginnen« unter Vorbehalt

Gegen die Ablehnung der jüdischen Welt begannen Überlebende des Holocaust, die sich als deutsche Juden begriffen, sowie Rückkehrer den Wiederaufbau einer jüdischen Gemeinschaft in der Bundesrepublik Deutschland.

Umstrittene Gründung

Die 1917 gegründete Zentralwohlfahrtsstelle der Juden in Deutschland (ZWSt) konstituierte sich 1951 neu. 1959 betrug die Zahl der Gemeindemitglieder 21 500. Zwischen 1951 und 1958 kamen auf 100 jüdische Ehen 300 Mischehen. 1960 amtierten in Deutschland sieben Rabbiner. Seit 1979 gibt es eine jüdische Hochschule. 1995 wurde in Deutschland erstmals eine Rabbinerin in ihr Amt eingeführt, Bea Wyler in Oldenburg.

Am 19. Juli 1950 gründete sich der »Zentralrat der Juden in Deutschland«, mit Sitz in Frankfurt am Main. Die Neugründung einer jüdischen Gemeinschaft in Deutschland führte zu heftigen Auseinandersetzungen unter den Juden. Die Jewish Agency beschloss 1950, sämtliche Büros in Deutschland zu schließen, und forderte die in Deutschland lebenden Juden ultimativ auf, »innerhalb von sechs Wochen die Koffer zu packen« und den »blutgetränkten deutschen Boden« zu verlassen. Das Direktorium des Zentralrats verwahrte sich scharf dagegen, als »Juden zweiter Klasse« eingestuft zu werden.

Remigranten

Nach und nach kamen auch Juden aus dem Exil nach Deutschland zurück, die Remigranten. Die meisten hatten sich schon vor der Schoa als deutsche Juden verstanden, und die Mehrzahl von ihnen hatte es nicht geschafft, sich in ihrem Zufluchtsland gesellschaftlich zu integrieren: Sie waren sprachlich nicht zurechtgekommen, ihnen blieb die Kultur ihres »Gastlandes« immer fremd, sie fanden keine Berufsperspektive. So vielfältig die Gründe waren, die Mehrzahl dieser Remigranten lebte in ihrer »alten Heimat« mit dem Gefühl, im Exil gescheitert und deshalb gezwungen gewesen zu sein, ins Land der »Mörder und Verfolger« zurückzukehren. Andere kamen nach Deutschland auf der Suche nach überlebenden Verwandten oder um Entschädigungsansprüche geltend zu machen. Immer wieder wurde die Abreise verschoben, bis man sesshaft geworden war, ohne es zu bemerken und zu wollen. Ehemalige DPs fanden ihr wirtschaftliches Auskommen, ohne sich kulturell anzupassen. Viele wollten vergessen, den Terror und den Horror hinter sich lassen, verdrängen, wollten leben – endlich leben.

Neuer alter Antisemitismus

Kippa: Die Kopfbedeckung der Juden

Der Antisemitismus in Deutschland war mit der Niederlage der Nationalsozialisten keineswegs verschwunden. Allein in den ersten drei Jahren nach Kriegsende wurden von meist unbekannten Tätern – eine Formulierung, die heute auch noch gerne benutzt wird – nach offiziellen Angaben 26 jüdische Friedhöfe geschändet, Grabsteine umgeworfen, Hakenkreuze, SS-Runen und antisemitische Parolen geschmiert. Immer wieder kam es zu Ausschreitungen gegen jüdische Einrichtungen. Mal wurden Fensterscheiben eingeworfen, wie in Düsseldorf im Jahre 1948, mal waren es »nur« Drohanrufe. Ende 1959 kam es zu einer heftigen Welle antisemitischer Übergriffe, die damit begann, dass in der Nacht vom 24. auf den 25. Dezember zwei Mitglieder der verbotenen »Deutschen Reichspartei« die kurz zuvor neu eröffnete Synagoge in Köln mit Hakenkreuzen beschmierten. Innerhalb von knapp vier Wochen wurden bis zum 28. Januar 1960 insgesamt 685 antisemitische Aktionen in der Bundesrepublik registriert.

Mit der Niederlage Nazideutschlands waren antisemitische und nationalistische Tendenzen keineswegs verschwunden. Bereits kurz nach dem Ende des Krieges kam es zu Schändungen jüdischer Friedhöfe.

»Wiedergutmachung«

Die Verfolgung ließ sich nicht mehr wiedergutmachen. Aber die Mehrzahl der Bevölkerung in Deutschland fand, dass sie durch die Zerstörung des Landes und der Bombenangriffe bereits genug gebüßt hätte.

Kampf um Entschädigung

Der Kampf um eine Entschädigung für Verfolgung, gesundheitliche Schäden – von den physischen gar nicht zu sprechen – und materielle Verluste blieb den Opfern des Naziregimes anfänglich selbst überlassen. Und wenn sie bei den Behörden Regress geltend machen wollten, saßen ihnen oft jene Staatsbeamte gegenüber, die 1938 ihre Ausbürgerung oder die Arisierung jüdischen Eigentums bürokratisch umgesetzt hatten. Wer als Opfer erlittene Gesundheitsschäden geltend machen wollte, wurde von einer Untersuchung zur nächsten geschickt. Wer materielle Schäden reklamierte, musste eine genaue Aufstellung über seinen Besitz vorlegen. Mit dem Hinweis fehlender einheitlicher Regelungen wurden Entschädigungen jahrelang verschleppt.

Schabbat: Challot, die zwei geflochtenen Schabbat-Brote

Reparationszahlungen und späte Entschädigung

Nach der Gründung Israels, 1948, sah sich die Bundesrepublik Deutschland, gegründet am 8. Mai 1949, aufgrund politischen Drucks gezwungen, einer »moralischen und materiellen Wiedergutmachung« zuzustimmen. Allerdings forderte der damalige Bundeskanzler Konrad Adenauer, »die Grenzen zu berücksichtigen, die der deutschen Leistungsfähigkeit durch die bittere Notwendigkeit der Versorgung der zahllosen Kriegsopfer und der Fürsorge für die Flüchtlinge und Vertriebenen gezogen« seien. Im September 1952 wurde dann zwischen Konrad Adenauer und dem israelischen Außenminister Moshe Sharett das »Luxemburger Abkommen« über Reparationszahlungen an den jüdischen Staat unterzeichnet, den Adenauer nur gegen großen Widerstand in der CDU mit Hilfe der oppositionellen SPD am 18. März 1953 im Bundestag durchsetzen konnte. In der Vereinbarung verpflichtete sich Deutschland, Reparationszahlungen in Form von Warenlieferungen zu leisten. Noch im gleichen Jahr wurde das »Bundesergänzungsgesetz zur Entschädigung für Opfer nationalsozialistischer Verfolgung« im Bundestag in Bonn verabschiedet, das 1956 dann durch das »Bundesentschädigungsgesetz« (BEG) abgelöst wurde. Allerdings bleiben in dieser gesetzlichen Regelung Kommunisten, Sinti und Roma oder ausländische Opfer ausgeschlossen.

In Deutschland sind nach dem Krieg etwa 95000 Ermittlungsverfahren gegen NS-Verbrecher geführt worden. 6500 Frauen und Männer wurden rechtskräftig verurteilt. In den drei Westzonen – US-amerikanischer, englischer, französischer – wurden nach Kriegsende etwa 35000 Urteile gefällt: 6000–7000 Todesurteile wurden vollstreckt, in 25000 Fällen Freiheitsstrafen verhängt, es erfolgten 4000 Freisprüche. Das größte Verfahren war das »Hauptkriegsverbrecher-Tribunal« in Nürnberg. Es begann am 18. Oktober 1945 gegen 24 Angeklagte. Das Urteil erfolgte am 1. Oktober 1946. Die 12 Todesurteile wurden am 16. Oktober 1946 vollstreckt.

Informationen nach Heiner Lichtenstein: NS-Prozesse in Deutschland nach 1945. Frankfurt a. M. 1999

Diplomatische Annäherung an Israel

1953 hatte die israelische Regierung das Interesse der Regierung Adenauer an einer »Normalisierung der Beziehungen« zurückgewiesen – mit Rücksicht auf innenpolitische Proteste von Schoa-Überlebenden. Seit Mitte der fünfziger Jahre verweigerte dann die Bundesregierung, den Staat Israel anzuerkennen. Aus politischem Kalkül: Adenauer wollte verhindern, dass die arabischen Staaten, mit denen diplomatischen Beziehungen bestanden, als Antwort auf die Anerkennung des »Judenstaates« durch die Bundesrepublik ihrerseits die Deutsche Demokratische Republik anerkannt hätten. Erst 1960 kam es in New York zum Treffen zwischen David Ben Gurion und Konrad Adenauer, das die deutsch-israelische Annäherung einläutete. Offizielle diplomatische Beziehungen wurden erst 1965 zwischen der Bundesrepublik Deutschland und Israel aufgenommen.

Mit vielen bürokratischen Hürden machte es der Nachfolgerstaat des »Dritten Reiches« den Opfern schwer, nach dem Kriegsende für die erlittene Verfolgung und die entstandenen materiellen Schäden eine finanzielle Wiedergutmachung zu erhalten.

Gemeinsam ein neues Deutschland aufbauen – Ost

Zwischen den jüdischen Gemeinden in den Besatzungszonen gab es wenig Kommunikation. Während sich die Juden in den Westzonen hauptsächlich um die Ausreise bemühten, wollten sich die Juden im Osten am Aufbau einer sozialistischen Gesellschaft beteiligen.

»Faschismus und Rassismus sind in der DDR nicht mehr existent, so wie auch jede Form von Antisemitismus. Unsere jüdischen Mitbürger genießen in vollem Umfang das Recht und die Freiheit, ihre Religion zu praktizieren. (...) Jedes Jahr am 9. November gedenken die Menschen in der DDR der Schrecken des Nazipogroms in der Kristallnacht von 1938, als die Nazis mit der Ausrottung der jüdischen Bevölkerung begannen. Und jedes Jahr im September, am Gedenktag für die Opfer des Faschismus, werden auf jüdischen Friedhöfen Kränze niedergelegt.«

Pressestelle der DDR, »Christians und Churches – A Report from the German Democratic Republic«

Helden gegen Opfer

Nach Ende des Krieges wurden in der sowjetischen Besatzungszone nur wenige Juden als »Opfer des Faschismus« anerkannt. Nach einer Erhebung der Deutschen Zentralverwaltung für Arbeit- und Sozialfürsorge in der SBZ wurden zwei Gruppen unterschieden: Als »Kämpfer gegen den Faschismus« waren 15 536 Personen registriert, als »Opfer des Faschismus« 42 287. Diejenigen, die aufgrund der Rassegesetze verfolgt worden waren, galten der KPD-Führung um Walter Ulbricht als duldsame Lämmer, die nicht gegen ihre Verfolgung gekämpft hatten; und die Schoa war nicht das Ergebnis von Antisemitismus, sondern Produkt eines kapitalistische Interessen vertretenden Faschismus. Die ideologische Klassifizierung in heldenhafte Kämpfer und gefügige Opfer lieferte das KPD-Zentralorgan *Deutsche Volkszeitung* bereits im Juli 1945: »Sie haben alle geduldet und Schweres gelitten, aber sie haben nicht gekämpft.«

Kämpfer, keine Juden

Die sich konstituierende DDR machte den Antifaschismus zum integralen Bestandteil ihres antikapitalistischen Verständnisses, der Antisemitismus reduzierte sich zu einer Klassenfrage. Zu den heldenhaften Kämpfern um Herbert Baum bekannte man sich gerne – deren Jüdischkeit wurde allerdings schamhaft verschwiegen. Ganz in diesem Verständnis lehnte die spätere Staatsführung der DDR auch jegliche Wiedergutmachung an den Staat Israel ab. Die Rückgabe von unter dem Naziregime konfisziertem Vermögen wurde abgelehnt. Die von den Nazis enteigneten, »arisierten Betriebe« wurden in Volkseigentum überführt, obwohl die Sowjetische Militäradministration bereits im Juli 1946 die Rückgabe jüdischen Eigentums an ihre ehemaligen Besitzer angekündigt hatte.

»Zur jüdischen Gemeinde hatte ich ein ambivalentes Verhältnis. Nach meiner Rückkehr aus der Emigration in England 1946 bin ich mit meiner Tochter sofort Mitglied der Gemeinde geworden. 1951 habe ich dann die Mitgliedschaft ruhen lassen, weil es in der SED hieß, man könne nicht Genosse und gleichzeitig in einer Religionsgemeinschaft sein – egal welcher. Davon habe ich mich beeinflussen lassen.«

Ursula Hoffmann in der Allgemeinen Jüdischen Wochenzeitung vom 11. November 1999

Der Traum von der klassenlosen Gesellschaft

Bereits kurz nach der Befreiung Berlins und der Unterzeichnung der Kapitulationsurkunde waren die ersten Linken Jüdinnen und Juden in die damalige Sowjetische Besatzungszone (SBZ) zurückgekehrt. Die einen hatten die Konzentrationslager, andere in der Illegalität, viele in der westlichen Emigration überlebt, was sie schon sehr früh in den Augen der kommunistischen Parteiführung verdächtig machte. Die Rückkehrer wollten mithelfen, ihren Traum von einer sozialistischen Gesellschaftsordnung in Deutschland zu verwirklichen. In einer klassenlosen Gesellschaft würde auch die »Judenfrage« keine Rolle mehr spielen, so dachten und träumten sie. Die Mehrheit war nicht religiös. »In der DDR haben wir jüdischen Mitbürger«, schrieb das verstorbene SED-Mitglied, der Sprecher der jüdischen Gemeinde, Helmut Aris, »unsere *wirkliche* Heimat gefunden.« Nicht mehr der Glaube der Väter spielte eine Rolle, man war nicht mehr Jude oder Nichtjude, sondern Kommunist. Allerdings gerieten sehr frühzeitig die bekennenden Mitglieder der jüdischen Gemeinde in Konflikt mit den sowjetischen Besatzungstruppen – nach wie vor bestand eine große Skepsis gegenüber allem Jüdischem.

Die unter dem Naziregime Verfolgten wurden in der sich konstituierenden Deutschen Demokratischen Republik in zwei Gruppen eingeteilt, in Kämpfer und Opfer. Die Partei bestimmte, wer zu welcher Kategorie gehörte.

Antisemitismus unter rotem Banner

Im Kampf gegen angebliche Agenten westlicher Geheimdienste und zionistischer Organisationen sowie gegen kapitalistische Einflüsse wurden sozialistische und kommunistische Juden verhaftet. Sie galten den Stalinisten generell als verdächtig.

»Hermann Weber führt die Namen von 242 in der Sowjetunion ermordeten oder verschollenen deutschen Kommunisten auf; vierzig von ihnen waren Juden, u.a. Hans Bloch, Kurt Cahn, Marie Fischmann, Dorothea und Leo Friedländer, Hilde Hauschild, Max Katzenellenbogen, Max Levien, Alfred Levy, Jach Nawrey, Heinz Neumann, Käthe Pohl, David Scheel, Fritz Sturm. Zu den Überlebenden zählen August Kleine, Edith und Nathan Steinberger ...«

Arno Lustiger: Rotbuch. Stalin und die Juden. Berlin 1998

Slánský und die Folgen in der DDR

1952 wurde in Prag der jüdische Kommunist Rudolf Slánský festgenommen, vor Gericht gestellt und im Dezember desselben Jahres mit zehn Mitangeklagten gehängt. Dem ehemaligen Generalsekretär der Kommunistischen Partei wurde vorgeworfen, zur jüdischen Hilfsorganisation »Joint« (American Joint of Distribution Committee – AJDC) Kontakt gehabt zu haben und für diese als Agent tätig gewesen zu sein. Die Verhaftung Slánskýs war der Auftakt zu einer groß angelegten Kampagne gegen westliche Einflüsse und politisches Abweichlertum in den »sozialistischen Bruderstaaten«. Die Fäden für die antisemitische Kampagne waren in Moskau gesponnen worden. Wie bereits in den 30er Jahren, als die »Tschistka«, die Säuberungskampagne Josef Stalins, auch jüdische Kommunisten mit ihrem Terror überzogen hatte, sollte die Partei von widerständigen Elementen gesäubert werden. Als unzuverlässig galt, wer eigene Gedanken hatte und bei dem man andere Loyalitäten vermuten konnte als die unverbrüchliche Treue zum Kommunismus stalinistischer Prägung. Nichts lag näher, als die Gefahr bei den linken Juden zu suchen.

Die Verfolgung jüdischer Kommunisten und Sozialisten in der DDR begann mit einer Kampagne gegen Paul Merker, der nicht Jude war. Merker war neben Franz Dahlem, einem ehemaligen Spanienkämpfer, das einzige Mitglied des Zentralkomitees der Sozialistischen Ein-

Purim, Freudenfest der Juden zur Erinnerung an die Errettung der persischen Juden durch Königin Esther

heitspartei (SED), das in der Westemigration überlebt hatte. Paul Merker hatte schon in seinem Exil in Mexiko in einem Artikel in der Exilzeitung *Freies Deutschland* »Hitlers Antisemitismus und wir« thematisiert, für eine »Wiedergutmachung als moralische Pflicht« plädiert und sich für eine Einwanderung der Juden nach Palästina eingesetzt. Merker wurde im August 1950 zuerst als »Zionist« aus dem ZK entlassen, verhaftet und dann 1955 in einem Geheimprozess als »Judenknecht« zu acht Jahren Haft verurteilt, zwei Jahre nach dem Ende der stalinistischen Säuberungen.

Konterrevolutionäre Juden

Im Dezember 1952 bekam die Jüdische Gemeinde in Ostberlin und der DDR die veränderte politische Situation direkt zu spüren. Massiv wurden Repräsentanten der Gemeinde unter Druck gesetzt. Am 4. Januar 1953 wurde dann eine bereits im Monat davor vorbereitete Erklärung über die »Lehren aus dem Prozess gegen das Verschwörungszentrum Slánský« im *Neuen Deutschland* veröffentlicht. »Unter jüdisch-nationalistischer Flagge segelnd, getarnt als zionistische Organisation und als Diplomaten der amerikanischen Vasallenregierung Israels, verrichten diese amerikanischen Agenten ihr Handwerk«, hieß es dort. Zionistische Organisationen versuchten, das Mitgefühl der arbeitenden Klasse für die Opfer des Faschismus auszunutzen, um in den Volksdemokratien Spionage und Sabotage zu betreiben. Als Konsequenz aus der »Enttar-

»… Leo Flieg und Heinrich Süßkind, die in der Weimarer Republik Führungspositionen in der KPD bekleidet hatten, zählten zu den frühen Opfern Stalins. Alexander Fomin, Fritz David und Alexander Engel wurden wie alle 16 Angeklagten im ersten Moskauer Schauprozess vom August 1936 vom Hauptankläger Wyschinski als Lügner, Clowns, Pygmäen, Möpse, Kläffer, Mörder, Verbrecher, Diebe und toll gewordene Hunde bezeichnet. Die Strafe fiel entsprechend aus: Hinrichtung. Die DDR ließ sich fünfzig Jahre Zeit, bevor sie von den stalinistischen Schergen ermordete Genossen rehabilitierte.«

Arno Lustiger: Rotbuch. Stalin und die Juden. Berlin 1998

»Das erste frei gewählte Parlament der DDR bekennt sich im Namen der Bürgerinnen und Bürger dieses Landes zur Mitverantwortung für Demütigung, Vertreibung und Ermordung jüdischer Frauen, Männer und Kinder. Wir empfinden Trauer und Scham und bekennen uns zu dieser Last der deutschen Geschichte. Wir bitten die Juden in aller Welt um Verzeihung. Wir bitten das Volk in Israel um Verzeihung für Heuchelei und Feinseligkeit der offiziellen DDR-Führung gegenüber dem Staat Israel und für die Verfolgung und Entwürdigung jüdischer Mitbürger auch nach 1945 in unserem Lande. Wir erklären, alles mögliche zur Heilung der seelischen und körperlichen Leiden der Überlebenden beitragen zu wollen und für eine gerechte Entschädigung materieller Verluste einzutreten.«

Beschluss der Volkskammer der DDR am 12. April 1990

nung« des »zionistischen Komplotts« wurden Juden in der DDR aus Parteiämtern ausgeschlossen und inhaftiert, bei vielen Hausdurchsuchungen vorgenommen und Ausweise beschlagnahmt. Von der Vertretung der Juden in der DDR verlangte die Staatsführung eine Erklärung gegen den »zionistischen Einfluss« und eine Liste mit allen Empfängern von »Joint«-Hilfsgütern. Zahlreiche Gemeindevorsitzende und -mitglieder verließen die DDR fluchtartig. Die VVN, die »Vereinigung der Verfolgten des Naziregimes«, die sich mehrheitlich aus Juden konstituierte, wurde aufgelöst und in das »Komitee der antifaschistischen Widerstandskämpfer« überführt.

Die Wende nach dem Tod Stalins

Nach dem Tod Josef Stalins am 5. März 1953 änderte sich das Vorgehen gegen die Juden in der DDR. Polizeiaktionen und Verfolgung wurden eingestellt, die diskriminierten Gemeindemitglieder und die Mehrheit der jüdischen Ex-Parteimitglieder rehabilitiert. Die kleiner gewordenen Gemeinden erhielten Zahlungen für die Erneuerung von Synagogen, zum Unterhalt eines Altersheims, einer koscheren Metzgerei und für die Instandhaltung des jüdischen Friedhofs in Berlin-Weißensee. Seit 1961 konnte in der DDR auch das *Nachrichtenblatt* als Informationsorgan der Jüdischen Gemeinde in der DDR erscheinen. Die Juden erhielten als Verfolgte des Naziregimes eine Sonderrente, eine »Ehrenpension«. Sie konnten auch fünf Jahre vor dem üblichen Rentenalter in Pension gehen. Der Vorsitzende des »Verbandes der Jüdischen Gemeinden in der DDR«, Heinz Schenk, wurde vom Staat besoldet. Schenk, der seit 1945 SED-Mitglied war, wurde jedoch immer vorgeworfen, das Parteiinteresse stärker im Auge gehabt zu haben als das der Gemeinde.

Neue Toleranz oder Kalkül?

In den achtziger Jahren veränderte die Führung der DDR dann ihre Distanz zu jüdischen Organisationen auf internationaler Ebene. Nicht ohne Kalkül: Von den Beziehungen zum American Jewish Congress und zum Jüdischen

Hebräisch-Unterricht in einer Synagogen-Gemeinde

Weltkongress erhoffte sich die Staatsführung Fürsprache bei der Gewährung von Krediten für die Sanierung der Wirtschaft und weitere internationale Anerkennung auf dem diplomatischen Parkett. Erst nach der so genannten Wende bekannte sich die DDR »zur Mitverantwortung für Demütigung, Vertreibung und Ermordung jüdischer Frauen, Männer und Kinder« und »zu dieser Last der deutschen Geschichte«. In der am 12. April 1990 stattgefundenen zweiten Parlamentssitzung entschuldigten sich die Volksvertreter gleichzeitig für die »offizielle DDR-Politik gegenüber dem Staat Israel« und baten die »jüdischen Mitbürger« um Verzeihung für die erlittene Diskriminierung in der DDR auch nach 1945. In der Sowjetunion verfolgten Juden solle in der Deutschen Demokratischen Republik, die damals nur noch ein halbes Jahr Existenz vor sich hatte, Asyl gewährt werden.

Zwar endete die offene Verfolgung von jüdischen Kommunisten und Intellektuellen nach dem Tode Stalins. Aber erst kurz vor der Wende veränderte die Staatsführung der DDR, um internationale Anerkennung zu erhalten, ihre Haltung gegenüber jüdischen Organisationen.

Jüdisches Leben in der DDR

Das religiöse jüdische Leben war in der Deutschen Demokratischen Republik nach wenigen Jahrzehnten nur noch auf eine kleine Gruppe von Gläubigen reduziert. In den wenigsten Gemeinden wurden noch regelmäßig Gottesdienste gefeiert.

Eine kleine jüdische Minderheit

»Wir haben eine Jugendgruppe, eine Frauengruppe, ein wenig Religionsunterricht und regelmäßig kulturelle Veranstaltungen, die recht gut und auch gut besucht sind. Was können wir sonst noch tun? Eine Jüdische Gemeinde ist in erster Linie eine religiöse Gemeinschaft und kein Kulturverband.«

Hermann Simon, Direktor des Centrum Judaicum, in einem Interview 1987

Waren in der Sowjetischen Besatzungszone im Jahre 1945 noch 3100 Personen registriert, die sich zur jüdischen Glaubensgemeinschaft bekannten, so hatte sich diese Zahl innerhalb von zehn Jahren beinahe halbiert. 1725 Mitglieder zählten die acht jüdischen Gemeinden. Als die Deutsche Demokratische Republik 1990 ihren Beitritt zur Bundesrepublik Deutschland erklärte, lebten dort nur noch 372 Jüdinnen und Juden, die Mehrheit davon in Ostberlin. Genau 203 Gemeindemitglieder hatten sich um die Synagoge in der Rykestraße im Ostberliner Bezirk Prenzlauer Berg gruppiert. Präsident des »Verbandes der Jüdischen Gemeinden in der DDR« war bis zum Schluss Siegmund Rotstein. In den wenigsten der insgesamt acht jüdischen Gemeinden – Berlin, Chemnitz (dem damaligen Karl-Marx-Stadt), Dresden, Erfurt, Halle, Magdeburg, Leipzig und Schwerin – fand noch wöchentlich ein Gottesdienst statt, weil das notwendige Gebetsquorum von zehn Betern, ein so genannter Minjan, nicht zusammenkam. Wiesen die Gemeinden Dresden und Leipzig noch eine 50-köpfige Betergemeinschaft auf, gab es in Schwerin nur noch drei Personen, die sich als gläubige Juden bezeichneten. Und die Mehrzahl der Gemeindemitglieder zählte mehr als 70 Lenze.

Religiöses Leben auf Sparflamme

Koschere Lebensmittel zur Versorgung der Juden in der DDR mussten teuer importiert, die Preise von der Gemeinde subventioniert werden. Alle zwei Wochen flog ein Schochet ein, der nach den rituellen Bestimmungen des Judentums die Tiere schlachtete. Das koschere Fleisch wurde dann in der koscheren Metzgerei im Prenzlauer Berg verkauft. Bis zu seinem Tod 1965 hatte der »rote Rabbi«, Martin Riesenburger, die geistliche Betreuung der DDR-Juden inne, danach amtierte der aus Budapest stammende Ödön Singer, bis er endgültig nach Ungarn zurückkehrte. Danach gab es keinen festen Rabbiner mehr in der DDR. Lediglich zu den Hohen Feiertagen kamen Rabbiner aus dem Ausland, oft aus Ungarn, um das Jahresanfangsfest Rosch Haschana oder das Versöhnungsfest Jom Kippur zu zelebrieren. Von der DDR-Regierung wurde der Gemeindeverband mit jährlich 150 000 Mark für die Pflege und Instandhaltung der insgesamt 130 jüdischen Friedhöfe in der DDR unterstützt, von denen 43 unter Denkmalschutz standen. Auf der Insel Rügen besaß der jüdische Gemeindeverband ein eigenes Ferienheim, in dem Gemeindemitglieder einen dreiwöchigen Urlaub verbringen konnten. Erst mit dem Aufkommen der »Bürgerrechtsbewegung« in der DDR gewann die Gemeinde neue Mitglieder hinzu. Im Umfeld der Ostberliner Gemeinde bildete sich eine unabhängige Gruppe mit dem Namen »Wir für uns«. Die Mehrzahl ihrer Mitglieder stammte aus einem »kommunistischen Elternhaus«. Sie orientierten sich allerdings auf der Suche nach einer eigenen Identität mehr an der Jüdischkeit ihrer Großeltern als am politischen Standort ihrer Eltern.

Morgengottesdienst. Kölner Synagoge in der Roonstraße

Von denen, die als Juden in der Deutschen Demokratischen Republik ein besseres Deutschland aufbauen wollten, waren nach 40 Jahre viele verstummt. Der Kreis der Gläubigen hatte sich auf eine kleine Zahl reduziert.

Jüdischkeit in der geteilten Stadt

In Berlin gründete sich schon kurz nach Kriegsende wieder eine Jüdische Gemeinde, obwohl die Stadt in vier Besatzungszonen geteilt war. Mit dem »Kalten Krieg« spaltete diese sich dann in eine Westberliner und in eine Ostberliner Jüdische Gemeinde.

Zwischen Friedhof Heerstraße und Friedhof Weißensee

1925 lebten in Berlin 172 672 Juden, das waren 4,3 Prozent der Berliner Bevölkerung. Die Volkszählung 1933 registrierte 160 564 Berliner Juden. Rund 90 000 konnten sich durch Auswanderung retten, 55 000 wurden ermordet. »Am 1. April 1945«, heißt es in einem Bericht aus dem Jahre 1946, »zählte Berlin noch 5100 Glaubensjuden.« Ein anderer Bericht: »Die hier befindlichen Juden setzen sich wie folgt zusammen: 4600 leben in Mischehen, 1900 kehrten aus den Konzentrationslagern zurück, 1400 haben von 5000 hier versteckten Lebenden die Zeit der Illegalität überstanden.«

Die heutige Hauptstadt der Bundesrepublik Deutschland hatte immer eine Scharnierfunktion zwischen den beiden politischen Blöcken, hier blieb die Verbindung zwischen der jüdischen Gemeinschaft in Ost und West erhalten, auch wenn es lange Zeiten von »Funkstille« gab. Drei Tage nach dem offiziellen Kriegsende leitete Martin Riesenburger in der Kapelle des jüdischen Friedhofs in Berlin-Weißensee den ersten Schabbatgottesdienst in der Sowjetischen Besatzungszone. Der im Ostteil der Stadt gelegene Friedhof ist mit über 115 000 Grabstätten der größte jüdische Begräbnisort in Europa. Er war am 9. September 1880 eingeweiht worden und diente auch während der Nazi-Herrschaft als Friedhof. Auf dem Gelände hatten Riesenburger, der in späteren Jahren der »Rote Rabbi« genannt wurde, und einige Gemeindemitglieder insgesamt 560 Thorarollen vor den Nazis und den alliierten Bombardements vergraben und dadurch gerettet. Sie bildeten die Grundlage für die Wiederbelebung jüdischen Religionslebens. Am 15. Juli 1945 konnte sich die Jüdische Gemeinde zu Berlin konstituieren. 7000 Menschen bildeten eine heterogene Gemeinschaft aus KZ-Überlebenden, Untergetauchten und Remigranten. Mit Hilfe von Armeerabbinern und internationalen jüdischen Organisationen gelang es bereits wenige Wochen nach Kriegsende, eine Gemeindestruktur und ein

religiöses Leben wiederaufzubauen. Im Osten der ehemaligen Reichshauptstadt amtierte der »rote Rabbi«, im Westteil gab es ab 1947 einen orthodoxen und einen liberalen »Seelsorger«.

Miri-Machane, Treffen (Fete) von jüdischen Jugendlichen aus allen jüdischen Jugendzentren Deutschlands zum Purim-Fest

Trennung in Ost- und Westgemeinde

Und so wie der »Kalte Krieg« Europa trennte, driftete auch die Jüdische Gemeinde in Berlin schnell in einen östlichen und einen westlichen Teil auseinander. Seit 1953 gab es offiziell eine Ost- und eine Westgemeinde. Symbolisch für die Trennung: Ab 1955 bestattete die Westberliner Gemeinde ihre Toten nicht mehr in Weißensee, sondern auf einem eigenen Begräbnisplatz, an der Heerstraße. Die Synagogen in der Pestalozzistraße, dem Fraenkelufer und der Joachimstalerstraße dienten der westlichen Gemeinde als Gotteshäuser. Das religiöse Leben in Ostberlin gruppierte sich um die Synagoge in der Rykestraße im Prenzlauer Berg. Während die Westberliner allerdings Rabbiner für ihre Gemeinde finden konnten, gab es seit dem Tod von Martin Riesenburger

»In der jüdischen Gemeinde hatten wir nie eine Gruppe säkularer Juden. (...) In Berlin war es immer so, dass es eigentlich nur eine Bindung an die Gemeinde gab für jene Juden, die sich mit der jüdischen Gemeinde religiös verbunden fühlten. Die nicht religiös gebundenen Juden haben nie eine Mitgliedschaft angestrebt. (...) Nur ein Bruchteil derjenigen, die damals dem Judentum angehörten, haben den Kontakt zur Religion aufrechterhalten.«

Interview des Autors mit Peter Kirchner, bis 1990 Vorsitzender der Jüdischen Gemeinde von Berlin

im Jahre 1965 für die Ostberliner über einen längeren Zeitraum hinweg bis zur Wiedervereinigung keinen ständigen Rabbiner mehr.

Glaubensgemeinschaft im Osten, moralische Instanz im Westen

Die Ostberliner Gemeinde verstand sich ausschließlich als eine Vereinigung von Gläubigen, die ihre religiösen Interessen verwalteten. »Eine jüdische Gemeinde ist in erster Linie eine religiöse Gemeinschaft«, beschrieb Hermann Simon, der Direktor des Centrum Judaicum, vor der Wende deren Funktion. Unausgesprochen hieß das, dass sich der Gemeindevorstand nicht in die politischen Angelegenheiten des Staates einmischte. Ganz im Gegensatz dazu die Westberliner Gemeinde unter Heinz Galinski. Ihm gelang es erfolgreich, liberale, konservative, orthodoxe und Reformjuden – wobei die Begriffe keine politischen Positionen, sondern die Formen der Religionsausübung bezeichnen – in die Gemeinde zu integrieren. Gleichzeitig war die Jüdische Gemeinde zu Berlin in der geteilten Stadt ein politischer Faktor, auf deren moralische Stimme gehört wurde. »Ich habe Auschwitz nicht überlebt, um jetzt zu schweigen«, bekundete der ehemalige KZ-Häftling.

Das Loch in der Mauer

Die religiöse Verbindung von West nach Ost wurde nach dem Mauerbau im August 1961 über Jahre hinweg durch den Oberkantor der Jüdischen Gemeinde zu Berlin (West), Estrongo Nachama, aufrechterhalten. Der von den Nazis aus Griechenland verschleppte Chasan konnte die »Staatsgrenze der DDR« in den Ostteil der Stadt aufgrund seines griechischen Passes und einer Genehmigung der DDR-Behörden passieren. Er zelebrierte Gottesdienste und sprach das Kaddisch, das Totengebet, bei Beerdigungen im Osten. Seit die DDR-Staatsführung verstärkt westliche Kontakte suchte, um Kredite und diplomatische Anerkennung zu erhalten, durfte Oberkantor Nachama sogar in der DDR Konzerte mit synagogaler

Musik geben. Es müsse ein »jüdisches Loch in der Mauer« geben, meinte der Westberliner Gemeindevorsitzende Heinz Galinski.

Kleines Intermezzo

Nur ein kurzer Frühling religiöser Betreuung zeichnete sich im Jahre 1987 ab, als der Staatsrat der Akkreditierung eines vom American Jewish Committee (AJC) bezahlten Rabbiners in der DDR zustimmte. Vier Jahre hatten die stillen Bemühungen des AJC gedauert, bis im September 1987 Isaac Neumann feierlich in sein Amt eingeführt werden konnte. Jedoch warf der in Polen geborene Schoa-Überlebende nach nur acht Monaten Amtszeit das Handtuch. Den Vorstand der Gemeinde empfand Neumann als zu angepasst an die politischen Verhältnisse in der DDR. Und der Vorstand fand, dass der aus Amerika zugereiste »Rabbi« zu wenig Rücksicht und Fingerspitzengefühl für die Situation der Gemeinde und vor allem bei der Wahrnehmung seiner religiösen Aufgaben zeigte. Der liberale Rabbiner fühlte sich in einen aussichtslosen Kampf mit der religiös eher orthodox ausgerichteten Ostberliner Gemeinde verstrickt. Auch seine Bemühungen um die in der Stadt lebenden »etwa 3000 nichtreligiösen Juden« seien sowohl von der Gemeindeführung als auch von der Partei- und Staatsführung nicht gerne gesehen worden, resümierte er später.

Nach mehreren Gesprächen sowohl mit Galinski als auch mit Vertretern des Jüdischen Weltkongresses und der Jewish Claims Conference erklärte sich die DDR bereit, 100 Millionen Dollar als symbolische Wiedergutmachung zu zahlen. Gleichzeitig wurde Mitte 1988 die Stiftung »Centrum Judaicum – Neue Synagoge Berlin« gegründet. Sie sollte Erinnerungsstätte an die Opfer des Nationalsozialismus und Forschungszentrum zur Geschichte der Juden in Deutschland sein. Das »Centrum Judaicum« in Berlin-Mitte mit seiner prächtigen goldenen Kuppel, heute das Symbol wiedererstandenen Judentums in Berlin, wurde erst nach der Wende eingeweiht.

Die Verbindungen zwischen den beiden Gemeinden rechts und links der Mauer rissen niemals ganz ab. Allerdings gab es keine offiziellen Kontakte zwischen der Jüdischen Gemeinde in Berlin (Ost) und der Jüdischen Gemeinde zu Berlin (West).

Der 9. November 1989

Auch die wenigen Juden in Berlin hatten sich an den Status quo einer geteilten Stadt gewöhnt. In der Abenddämmerung des »sozialistischen« Staates hofften viele von ihnen auf eine Reform der DDR und die späte Realisierung des alten Traums.

Getrennt gefeiert und bald »vereint«

»Von sofort an Ausreise über innerdeutsche Grenzstellen möglich.«

Eilmeldung der Deutschen Presseagentur dpa um 19.04 Uhr am 9. November 1989 nach der historischen Pressekonferenz von Günter Schabowski, Mitglied des Politbüros der SED

Der 9. November im Jahre 1989 sollte eigentlich ein ganz normaler Gedenktag an die »Reichspogromnacht« werden. Die Westberliner Gemeinde hatte am Vorabend in ihrem Gemeindezentrum in der Fasanenstraße der antisemitischen Brandnacht gedacht. Oberkantor Estrongo Nachama hatte wie in all den Jahren zuvor »El mole rachamim«, das Totengebet, gesprochen und in seiner unnachahmlichen Weise die Namen der Konzentrations- und Vernichtungslager gesungen. Danach waren Kränze niedergelegt worden. Am 9. November dann fuhr Nachama zusammen mit dem Gemeinderabbiner Ernst Stein nach Ostberlin, um in den Ruinen der ehemaligen Synagoge in der Oranienburger Straße an einer Gedenkfeier teilzunehmen. In der Stadt selbst herrschte eine »angespannte Stimmung«, wie sich einer der Teilnehmer erinnert. Bereits am 4. November war es in Ostberlin zu einer Großdemonstration gegen die DDR-Regierung unter der Losung »Wir sind das Volk« gekommen. Die DDR befand sich in einem Zustand der Auflösung.

Aufbruchstimmung

Auch Mitglieder der Jüdischen Gemeinde von Berlin beteiligten sich an der Bürgerrechtsbewegung. Niemand rechnete allerdings mit einem schnellen »Fall der Mauer«. Die Mehrzahl der Gemeindemitglieder erlebte die unverhoffte Öffnung der Mauer in der Nacht des 9. November vor dem Fernseher. Absurd war auch das Thema des Treffens »linker Juden« aus dem deutschsprachigen

Raum, das am 10. November stattfand und über Monate hinweg vorbereitet worden war: »Juden in zwei deutschen Staaten«. »Viele von uns glaubten«, erinnert sich Irene Runge, eine der Teilnehmerinnen, in der *Allgemeinen Jüdischen Wochenzeitung*, »dass nun die bessere DDR-Zeit beginne. Woher unsere politische Naivität herrührte, ist mir heute nicht ganz klar.«

Neuanfang mit sehr viel Skepsis

Anfänglich betrachteten sich die beiden Jüdischen Gemeinden noch mit Skepsis. Die einen argwöhnten, die Westberliner Juden hätten an ihnen nur Interesse, um sich die jüdischen Liegenschaften im Osten unter »den Nagel zu reißen«. Die Mehrheit der »jüdischen Wessis« sah in der östlichen »Mischpoche«, Verwandtschaft, dagegen einen »jüdischen Kulturverein« von »roten Socken«. Im Herbst 1990 löste sich dann der Ostberliner Gemeindeverband auf und schloss sich der Jüdischen Gemeinde zu Berlin (West) an. Alter und neuer Vorsitzender wurde Heinz Galinski. Die Schwarzweißbilder von damals sind längst revidiert, auch wenn das Gemeindeleben in Berlin sich heute noch immer mehrheitlich im westlichen Teil der neuen Bundeshauptstadt abspielt. Im »Osten«, im Centrum Judaicum, das im September 1991 eröffnete wurde, ist heute das Büro des Gemeindevorsitzenden untergebracht.

Rabbiner Mendel mit Tallit und Tefillin in der Kölner Synagoge

Nach knapp vier Jahrzehnten Trennung schlossen sich die beiden Berliner Jüdischen Gemeinden nach dem Fall der Mauer wieder zusammen. Die Jüdische Gemeinde zu Berlin ist heute die größte Gemeinde Deutschlands mit rund 11000 Mitgliedern.

Antisemitismus in der ehemaligen Sowjetunion

Auch nach dem Ende der Stalin-Ära gab es mal latenten, mal offeneren Antisemitismus in der Sowjetunion. Die Erosion der sowjetischen Gesellschaft ließ dann antisemitische Organisationen offen auftreten. Viele Juden haben deshalb das Land verlassen.

»Juden als Nation« und »jüdische Abzocker«

Zwar leitete Nikita Chruschtschow drei Jahre nach dem Tod von Josef Stalin im Jahre 1956 die »Entstalinisierung« ein, die Diskriminierung von Juden in der Sowjetunion war damit jedoch nicht beendet: Die Zahl der Juden in Regierung und Verwaltung hatte sich bis auf einige wenige reduziert, in sicherheitsrelevanten Einrichtungen wie Armee und wichtigen Wirtschaftsunternehmen bestanden informelle Zugangsbeschränkungen für Juden. In den Ausweisen jüdischer Sowjetbürger war unter der Rubrik 5 als Nationalität »Jewrej«, Jude, oder »Jewrejka«, Jüdin, eingetragen.

Immer wieder fanden in den sechziger Jahren in der UdSSR »Wirtschaftsprozesse« gegen angebliche Spekulanten und Schwarzhändler statt – und immer wieder wurde dabei auf deren »jüdische Nationalität« hingewiesen. Die antisemitischen Stereotype funktionierten: Israelische Staatsbürger wurden zu Zwischenhändlern von »jüdischen Abzockern« in volkseigenen Betrieben, Synagogen zu Schwarzmarktzentren und jüdische Gemeindeeinrichtungen zu Orten antikommunistischer Konspiration. Insgesamt wurden in den Jahren 1961 bis 1967 gegen angebliche »jüdische Schwarzhändler« 163 Todesurteile gefällt, zwischen Juli 1961 bis März

Bei einer Volkszählung 1970 in der Sowjetunion gaben 2,1 Millionen der Befragten an, jüdisch zu sein. 400 000 von ihnen trugen als erste Sprache Jiddisch in den Fragebogen ein. Die jüdische Bevölkerung in Ländern der ehemaligen Union der Sozialistischen Sowjetrepubliken betrug nach Angaben des American Jewish Year Book 2000:

Russland	290 000
Ukraine	100 000
Weißrussland	26 600
Lettland	8 600
Usbekistan	7 000
Moldawien	6 500
Litauen	4 400
Estland	2 000

Eine deutsch-russische Lehrerin unterrichtet in einem Wohnheim für russisch-jüdische Zuwanderer (Kontigentflüchtlinge). Köln 1998

1963 wegen »Wirtschaftsverbrechen« 68 Juden hingerichtet. Die Zahl der Todesurteile gegen Nichtjuden belief sich dagegen im gleichen Zeitraum auf fünf. Als Reaktion auf die vielfältige Diskriminierung der Juden in der UdSSR gab es Auswanderungswellen. In den zwölf Jahren zwischen 1968 und 1980 erlaubte die Kremlführung insgesamt 260 000 Jüdinnen und Juden die Auswanderung.

»Perestroika«, »Glasnost« und jüdische Auswanderung

Die »Perestroika«, die von Michail Sergejewitsch Gorbatschow eingeleitete »Umgestaltung«, brachte den Bürgerinnen und Bürgern der Union der Sozialistischen Sowjetrepubliken nicht nur bürgerliche Freiheiten und damit die Möglichkeit, ungehindert das Land zu verlassen. Im Zuge der gesellschaftlichen Auflösung des Ostblocks manifestierten sich mehr und mehr offen und massiv antisemitische Gruppierungen, die für die gesellschaftliche und ökonomische Krise in der Sowjetunion die Juden verantwortlich machten. Sie stehen in der langen antisemitischen Tradition des zaristischen Russland. Antisemitische Schriften, die zu »Sowjetzeiten« nur unter dem Ladentisch vertrieben wurden, konnten als Konsequenz von »Glasnost«, der neuen »Öffentlichkeit«, erscheinen. Als Reaktion auf die als bedrohlich empfun-

»Der eigentliche strittige Punkt in der öffentlichen Auseinandersetzung ist die Frage, welches die Motive für die Auswanderung von Juden aus der GUS sind. Die einen meinen, es seien ausschließlich wirtschaftliche Gründe, die anderen behaupten, es seien die erkennbar schlechten Lebensbedingungen, die aber noch verschärft würden durch das antisemitische Klima in diesen Ländern. Die jüngste Untersuchung des Potsdamer Moses-Mendelssohn-Zentrums für europäisch-jüdische Studien, in der in einer repräsentativen Umfrage Zuwanderer nach ihren Motiven für die Auswanderung befragt wurden, belegt, dass insgesamt knapp 88 Prozent der Befragten vor ihrer Ausreise ›Erfahrungen mit antisemitischen Übergriffen‹ gemacht haben.«

Julius H. Schoeps, Direktor des Moses-Mendelssohn-Zentrums in Potsdam, in: Allgemeine Jüdische Wochenzeitung vom 27. Juni 1996

»Die meisten emigrierten Juden hatten in der Sowjetunion gute berufliche Positionen und waren dadurch vergleichsweise materiell privilegiert. Denn obwohl Juden in der Sowjetunion weniger als 1% der Gesamtbevölkerung ausmachten, rekrutierten sich aus ihnen noch 1989 11% aller Wissenschaftler, 15% aller Ärzte sowie je 10% der Juristen und Schriftsteller.«

Judith Kessler: Von Aizenberg bis Zaidelman. – Jüdische Zuwanderer aus Osteuropa in Berlin und die Jüdische Gemeinde heute. Broschüre der Ausländerbeauftragten des Senats von Berlin, 1995.

dene gesellschaftliche Stimmung sind in den Jahren von 1989 bis 1999 eine Million Juden aus der Gemeinschaft Unabhängiger Staaten nach Israel ausgewandert. Aber nicht alle Menschen, in deren Pass »Jude« eingetragen ist, verließen und verlassen ihr Geburtsland ausschließlich, weil sie verfolgt oder diskriminiert werden. Und nicht alle wollen oder wollten nach Israel. Für viele der Aschkenasi steht das Land in Verdacht, dass das soziale Leben von den sefardischen, den orientalischen, Juden dominiert wird.

Hier sind wir, helft uns

Bereits in den siebziger Jahren war deshalb ein Teil der jüdischen Auswanderer in die Bundesrepublik gekommen. Besonders der Berliner Senat hatte sich, nach zahlreichen Interventionen des Vorsitzenden der Jüdischen Gemeinde zu Berlin, Heinz Galinski, bereit erklärt, die Zuwanderer aus »humanitären Gründen« unbürokratisch aufzunehmen. Das Tor Westberlin blieb in all den Jahren für jüdische Migranten offen: Noch ein Jahr vor dem Mauerfall kamen 450 Menschen aus der UdSSR, die meisten im Rahmen der Familienzusammenführung. Die Wende in der DDR und der Mauerfall verstärkten den Migrationsdruck. Aus der Sowjetunion trafen jüdische Zuwanderer mit Touristenvisa in Ostberlin ein, in der Hoffnung, ein Bleiberecht zu bekommen. Die Macht des Faktischen und die Meldungen von zunehmenden antisemitischen Übergriffen veranlassten den Berliner »Jüdischen Kulturverein« zu einem offenen Brief an die Regierung der DDR. Am 9. Februar 1990 forderte der Verein, auswanderungswilligen sowjetischen Juden die Einreise zu genehmigen, und zwar »unabhängig« von Rechtsvorschriften. Der »Jüdische Kulturverein« sehe die Verpflichtung jeder deutschen Regierung, Juden zu helfen, die in Not sind, hieß es in dem Schreiben.

Freie Einreise in die DDR

Die Bereitschaft der DDR-Übergangsregierung unter Lothar de Maizière, jüdische Migranten aus der Ex-Sowjet-

Hora-Tanz bei Jom Haazmaut

union aufzunehmen, führte zu einer Fluchtwelle – Tausende kamen. Im August 1990 wurde in Ostberlin die erste offizielle Aufnahmestelle für »jüdische Zuwanderer« eingerichtet. Während die Neubürger im Osten eine fünfjährige Aufenthaltsgenehmigung und sogar einen DDR-Personalausweis ausgestellt bekamen, wurde ihnen in Westberlin nur eine Duldung erteilt. Um die Zuwanderung unter Kontrolle zu bekommen, erließ die Bundesregierung im September des gleichen Jahres einen Einreisestopp. Mit dem Ergebnis, dass noch mehr kamen: allein im Dezember 1600 Menschen. Im Januar 1991 beschloss die Innenministerkonferenz der Länder dann, sowjetische Juden nach der Genfer Konvention im Rahmen des »Kontingentflüchtlingsgesetzes« zu behandeln und ohne Einzelfallprüfung von einer generellen Verfolgung auszugehen. Jedoch müssen die Ausreisewilligen in ihren jeweiligen Heimatländern bei der deutschen Botschaft die Aufnahme als »jüdische Zuwanderer« beantragen und nachweisen, dass sie Juden oder deren direkte Familienangehörige sind. Seit 1990 sind auf der Grundlage dieser Regelung 123 290 Menschen (Stand September 2000) aus den Ländern der Gemeinschaft Unabhängiger Staaten in die Bundesrepublik Deutschland übergesiedelt.

Die politische Umbruchstimmung in der DDR ermöglichte es den Juden aus der ehemaligen Sowjetunion, ungehindert nach Deutschland einzureisen. Sie wurden mit offenen Armen empfangen, eine späte Wiedergutmachung für den ignoranten Umgang mit der deutschen Geschichte.

Fremd unter Freunden

Auf die große Zahl der Neumitglieder waren die Jüdischen Gemeinden in Deutschland nicht vorbereitet. Über Jahre hinweg gewachsene Strukturen wurden in Frage gestellt.

Nach der Freude kommt die Ernüchterung

»Wir ›Alteingesessenen‹ müssen uns darum kümmern, dass Integration in Deutschland, aber auch in unseren Gemeinden keine leere Worthülse bleibt.«

Andreas Nachama, Vorsitzender der Jüdischen Gemeinde zu Berlin, in: Allgemeine Jüdische Wochenzeitung vom 11. November 1999

Anfänglich wurden die Zuwanderer in der jüdischen Gemeinschaft, die 1990 etwa 27 000 Mitglieder zählte, noch überschwänglich begrüßt. Von einer Neubelebung jüdischen Lebens in Deutschland wurde gesprochen, von einer Bereicherung des Gemeindelebens und von der Verjüngung einer immer mehr »vergreisenden« Altersstruktur – in den meisten Gemeinden war es so ähnlich wie in Düsseldorf: Etwa 48 Prozent der Mitglieder waren 60 Jahre oder älter, auf durchschnittlich drei Geburten jährlich kamen zwischen 40 und 50 Todesfälle. Außerdem glaubte man sich erfahren genug, die »Neuen« zu integrieren. Schließlich hatte man es bei den »DPs« und unter anderem nach dem Aufstand in Ungarn 1956 und der Niederschlagung des Prager Frühlings 1968 geschafft, größere Gruppen von Neumitgliedern aus diesen Ländern relativ unproblematisch ins Gemeindeleben einzugliedern.

Die Euphorie über die Neuzugänge wich schnell der Ernüchterung durch die Probleme, die die Zuwanderung mit sich brachte. Der Mythos vom reichen Deutschland als einem Land der unbegrenzten wirtschaftlichen Möglichkeiten bestimmte oft das Bild der Migranten. Sie erwarteten wirtschaftliche Beihilfe beim Neuanfang in fremder Umgebung. Ihnen war unverständlich, warum ihre Berufsausbildung nicht anerkannt wurde, man ihnen keine adäquate Arbeit vermitteln und Wohnungen besorgen konnte. Auf die soziale Deklassierung waren die wenigsten psychisch vorbereitet: Aus dem in seinem Beruf angesehenen Soziologieprofessor aus dem frühe-

ren Leningrad wurde ein arbeitsloser Sozialhilfeempfänger samt Familie – geboren in Sankt Petersburg, wohnhaft in einem Zimmer in einem Übergangsheim am Rande einer Großstadt. Vielen Neulingen fiel es schwer, sich in diese gesellschaftliche Realität einzufügen, sich in ein Land zu verorten, in dem sie plötzlich »die Russen« waren, nachdem sie zuvor in Russland »die Juden« gewesen waren.

Haarschneidezeremonie/Opschernisch in einer jüdischen Gemeinde

Der Kulturschock

Auch die gemeinsamen jüdischen Wurzeln halfen wenig, die kulturelle Differenz zwischen den Alteingesessenen und den »Zugereisten« in den Jüdischen Gemeinden zu überbrücken. Für viele GUS-Juden vollzog sich die »jüdische Identität« über die Passeintragung, die sie von der übrigen Bevölkerung abgrenzte. Die wenigsten hatten in der UdSSR ein »religiöses Leben« gelebt, die meist jüngeren Zuwanderer noch nie eine Synagoge betreten oder ein jüdisches Fest gefeiert. Die Übersiedlung in ein neues Land bedeutete für sie meist auch die erste Begegnung mit ihrer Jüdischkeit. Die jüdischen Festtage waren ih-

Nach einer so genannten Integrationsprognose, die auf der Grundlage einer Umfrage erstellt wurde, haben die Zuwanderer im Alter bis 29 Jahre, etwa 35,9 Prozent, gute bis sehr gute Berufsperspektiven, sich zu integrieren. Den 30- bis 60-Jährigen werden wenig Chancen eingeräumt bei einer schnellen und unproblematischen Eingliederung. Die über 60 Jahre alten Zuwanderer gelten als völlig chancenlos. Bei ihnen wird davon ausgegangen, dass sie ihr Leben lang auf Sozialhilfe und finanzielle Unterstützung der jüdischen Gemeinden angewiesen sein werden.

nen kaum oder nicht in ihrer gesamten Bedeutung bewusst, religiöse Gebräuche fremd, die wenigsten waren in der Lage, einem hebräisch geführten Gottesdienst zu folgen. Die Gemeinden hatten zwar viele Neumitglieder, beim Gottesdienstbesuch machte sich dies jedoch kaum bemerkbar. Die Zuwanderer wollten erst einmal ihre beruflichen und sozialen Probleme lösen. Die Religionsausübung stand da auf einem unteren Platz der Dringlichkeitsliste. Zum anderen mussten manche »russischen Juden« empört feststellen, dass der in der ehemaligen Sowjetunion geltende Nationalitätenbegriff »Jude« nicht unbedingt mit den jüdischen Religionsgesetzen übereinstimmt. In den Jüdischen Gemeinden werden nach der Halacha nur diejenigen Personen als Juden akzeptiert, deren Mutter Jüdin ist oder deren Übertritt zum Judentum als »regelgerecht« anerkannt wird.

Religionsgemeinschaft oder Dienstleistungsunternehmen

Der Soziologe Alphons Silbermann hat im Jahre 1997 im Auftrag der Synagogen-Gemeinde Köln deren Mitglieder über »Partizipation und Integration« befragt. Das Umfrageergebnis dürfte durchaus repräsentativ für die meisten jüdischen Gemeinden in Deutschland sein. Die Mehrzahl der neuen Gemeindemitglieder, so musste der inzwischen verstorbene Professor feststellen, erwarteten von der Gemeinde »mehr allgemein soziale und kulturelle Dienstleistungen als religiöse Praxis«. Eine Haltung, die existenziell mit dem Selbstverständnis der Jüdischen Gemeinden in Deutschland kollidiert: Sie verstehen sich nicht als Dienstleistungsunternehmen, sondern als »eine Gemeinschaft, die durch ihren Glauben und die gemeinsame lebendige Religions- und Lebenspraxis verbunden ist«.

Die sozialen Probleme der gegenseitigen Fremdheit innerhalb der Gemeinde bestehen weiterhin. Die Alteingesessenen sind in den über 80 Gemeinden in Deutschland inzwischen überall in der Minderheit, schließlich hat sich die jüdische Religionsgemeinschaft innerhalb von knapp einem Jahrzehnt auf weit über 80 000 Mitglieder verdreifacht. In den neuen Bundesländern bestehen manche Gemeinden fast ausschließlich aus GUS-Zuwanderern. Hier liegt sozialer und kultureller Sprengstoff: Fest gefügte und über Jahrzehnte gewachsene Entscheidungsstrukturen werden von den Zuwanderern in Frage gestellt. Die Abkapselung der Zuwanderer in Kulturvereinen, in denen Russisch gesprochen und russische Lebensweisen gepflegt werden, erhöht das Misstrauen »der Alten«. Und die Forderung, endlich die deutsche Sprache zu lernen und die in den Gemeinden seit Jahrzehnten gewachsenen Gepflogenheiten zu übernehmen, stößt auf das Unverständnis derjenigen, die jetzt die Mehrheit repräsentieren. Ökonomisch befinden sich viele Gemeinden in einer prekären Situation. Sie bestreiten ihre Etats aus der Kultussteuer. Sozialhilfeempfänger und Arbeitslose führen allerdings keine Abgaben an ihre Religionsgemeinschaft ab. Das Dilemma: Die Gemeinden haben hohe Ausgaben für zusätzlichen Sprach- und Religionsunterricht, Sozialarbeiter, Dolmetscher und Beihilfen für Bedürftige; die Einnahmen wachsen jedoch nicht in dem Maße wie die Zahl der Gemeindemitglieder.

»Wenn man die Zuwanderung jüdischer Menschen aus der ehemaligen Sowjetunion beispielsweise mit der Situation deutsch-jüdischer Emigranten in den vierziger Jahren in den USA vergleicht, kommt man zu dem Schluss, dass es einfach zwei Jahrzehnte bedarf, bis eine vollständige Integration erreicht ist. (...) Doch um dieses Happy End gemeinsam zu bewirken, müssen wir uns alle noch ein Stück strecken.«

Andreas Nachama, in: Allgemeine Jüdische Wochenzeitung vom 11. November 1999

Die Zuwanderung von Juden aus den Ländern der GUS hat die Jüdischen Gemeinden in Deutschland vor eine Zerreißprobe gestellt. Vielfach stehen sich Hinzugekommene und Alteingesessene fremd gegenüber.

Juden und Jüdischkeit in der öffentlichen Wahrnehmung

Die jüdische Gemeinschaft ist eine Minorität, die durchaus selbstbewusst auftritt. Aufgrund der Medienpräsenz ihrer Vertreter wird sie in der öffentlichen Wahrnehmung als einflussreich und machtvoll angesehen.

Die 0,1-Prozent-Minderheit

»Kaum brennt in Deutschland irgendwo ein Asylbewerberheim, werden sogleich die Juden um ihre Meinung gefragt. Gibt's denn keine anderen anständigen und kritischen Menschen in diesem Land?«

Moritz Neumann über das richtige Maß jüdischer Medienpräsenz, in: Allgemeine Jüdische Wochenzeitung vom 14. September 2000

Wer Juden fragt, warum sie in Deutschland leben, der wird in vielen Fällen die Antwort vernehmen: Wir leben nicht »wegen«, sondern »trotz« der Schoa in dieser Republik – eine trotzige Gemeinschaft. Juden in Deutschland verkünden selbstbewusst, »Wir sind da«, und nehmen ganz selbstverständlich für sich in Anspruch, sich öffentlich einzumischen. Trotzdem betrachten viele Juden mit Überraschung und Skepsis das Medieninteresse, das ihnen seit ein paar Jahren entgegengebracht wird. »Wir machen nur 0,1 Prozent der Bevölkerung aus«, wunderte sich der Präsident des Zentralrats der Juden in Deutschland, Paul Spiegel, über den Presserummel, der sich vor und nach seiner Wahl am 9. Januar 2000 entwickelte. Bei tagespolitischen Ereignissen, die mit Judentum und Jüdisch-Sein zu tun haben, befleißigen sich inzwischen die bundesdeutschen Medien, eine jüdische Stimme einzufangen und eine jüdische Meinung zu präsentieren. Was dieses verstärkte öffentliche Interesse in den letzten anderthalb Jahrzehnten wirklich ausgelöst haben könnte, darüber streiten jüdische Medienexperten nach wie vor.

Jüdisches Selbstbewusstsein

Die Ereignisse um die geplante Aufführung des Theaterstückes von Rainer Werner Fassbinder, »Der Müll, die Stadt und der Tod«, im Oktober 1985 in Frankfurt am Main änderten das öffentliche Verhalten jüdischer Gemeindemitglieder. Die Darstellung eines jüdischen Spe-

Gedenkhalle für die Opfer des Nationalsozialismus in der Kölner Synagoge Roonstraße

kulanten – in dem der damalige Vorsitzende der Jüdischen Gemeinde in Frankfurt, Ignatz Bubis, zu erkennen gewesen sein soll – in einem Szenarium aus Prostitution, Kriminalität, Hausbesetzerbewegung, Hausspekulanten und nationalsozialistischer Vergangenheit provozierte die jüdische Bevölkerung Frankfurts. Sie begriff das Theaterstück Fassbinders als antisemitisch und wollte sich nicht mehr bieten lassen, als geldgeil, raffend und ausbeuterisch dargestellt zu werden. Die spektakuläre Besetzung der Theaterbühne bedeutete nicht nur das »Ende der Unsichtbarkeit« der Juden, sondern die Frankfurter Jüdinnen und Juden verhinderten die Aufführung von »Der Müll, die Stadt und der Tod« und reklamierten damit gleichzeitig das Mitspracherecht »einer zum Bleiben entschlossenen Gemeinschaft in Deutschland«.

Eine »moralische Instanz«

Nachdem Ignatz Bubis im Jahre 1992 zum Präsidenten des Zentralrats der Juden in Deutschland gewählt worden war, veränderte sich die Wahrnehmung der jüdischen Gemeinschaft in der Öffentlichkeit noch weiter. Innerhalb kürzester Zeit wurde Bubis von den Medien zu einer »moralischen Instanz« und zur »Stimme des Gewissens« hochstilisiert. Vor diesem Hintergrund nannte ihn der Vorsitzende des Landesverbandes der Jüdischen Gemeinden in Hessen, Moritz Neumann, in der *Allgemeinen Jüdischen Wochenzeitung* einen »Glücksfall für Deutschland«. Aber Neumann fand auch warnende Worte an die jüdische Gemeinschaft: Zwar sei die jüdische Stimme inzwischen wieder gefragt, die Präsenz bei Medienereignissen ausdrücklich gewünscht, und sogar Ehrungen und Auszeichnungen für verdiente Mitglieder der Gemeinden häuften sich. Aber dann müssten die Juden doch immer erfahren, dass sich die Öffentlichkeit die »ungefragte Einmischung« der jüdischen Gemeinschaft – von der Neumann als »jüdischem Bodensatz im Land der Täter« spricht – verbitte. An diesem Punkt ende der Einfluss der jüdischen Meinung für die deutsche Gesellschaft.

Einfluss auf die Gesellschaft?

Vor dem getrübten Blick über die eigene Bedeutung warnt auch das Mitglied einer Frankfurter Gruppe von Reformjuden, Micha Brumlik. »Der vermeintliche Einfluss der jüdischen Minderheit war – daran ist zu erinnern – niemals ein Einfluss aus eigener Macht, sondern stets eine von der Regierung konzedierte Chance, die je nach Gusto auch wieder eingeschränkt werden konnte.« Die faktische Machtlosigkeit der Juden in Deutschland habe sich einmal mehr 1985 gezeigt: Trotz jüdischer Kritik an den Plänen von Bundeskanzler Helmut Kohl, gemeinsam mit dem US-Präsidenten Ronald Reagan in Bitburg Gräber auf einem Soldatenfriedhof zu ehren, auf dem auch Mitglieder der SS beigesetzt sind, habe Kohl ohne jede Rücksicht auf die damit verbundenen Erinnerungen für Juden dies in die Tat umgesetzt. Bitburg sei ein drastischer Beweis für das Desinteresse an der jüdischen Befindlichkeit und für die öffentliche Wirkungslosigkeit gewesen. An der »realen Machtlosigkeit« ändere weder »dieser oder jener Sitz in einem Rundfunkrat« noch »eine gewisse Aufmerksamkeit der Medien« etwas.

Einmischen, nicht Alibijuden sein

Nicht allen innerhalb der jüdischen Gemeinschaft ist die »permanente Medienpräsenz« ihrer Repräsentanten auch bei allgemeinen Themen angenehm oder recht. Was schert's uns, argumentieren die einen. Je mehr wir öffentlich wahrnehmbar sind, umso mehr artikulieren sich Stimmen gegen uns, fürchten andere. Gegen solch dezente Zurückhaltung wendet sich vor allem jene Generation, die nach 1945 in Deutschland geboren und aufgewachsen ist. Der Historiker Andreas Nachama – Jahrgang 1951, Rabbiner und Vorsitzender der Jüdischen Gemeinde zu Berlin – hält nichts von Zurückhaltung. Juden lebten auf Dauer in der sie umgebenden Gesellschaft »nur so frei wie das schwächste Glied«. Das Selbstverständnis des Judentums gebiete sogar, die Stimme zu erheben, sich gesellschaftlich einzumischen, findet Nachama: »Wenn wir als Jüdische Gemeinde Stellung gegen Antisemitismus, gegen Diskriminierung und gegen Ausländerfeindlichkeit beziehen, dann nicht nur, weil wir aus der europäischen Geschichte am Leib unserer ermordeten Großmütter und Großväter gelernt haben, sondern natürlich auch, weil die Thora uns gebietet, den ›anderen‹, den ›Fremdling‹, zu achten und zu respektieren.«

So gerne Vertreter der Juden bei offiziellen Anlässen gesehen sind, Unmut macht sich breit, wenn sie ihre Stimme ungefragt erheben. Dabei wird oft auch ihre »reale Machtlosigkeit« in der Gesellschaft deutlich.

Antisemitismus in der Gegenwart

Nur unter einer dünnen Schicht versteckt sich in Deutschland der Antisemitismus. Und mit steter Regelmäßigkeit bricht die notdürftig hergestellte Kruste wieder auf. Für die Juden gehört der Antisemitismus zum Alltag.

»Jüdisches Leben nach Auschwitz und auch heute ist ein Vertrauensvorschuss in dieses Land, vor allen Dingen in die jüngere Generation. Dieser Vorschuss ist in der letzten Zeit stark strapaziert worden. Einerseits durch die neue Qualität und Quantität eines offenen gewalttätigen Antisemitismus. Andererseits durch eine salonfähig und unverschämt gewordene Sympathisantengruppe aus allen Schichten der Bevölkerung. Entscheidend ist aber, dass die schweigende Mehrheit immer noch schweigt, statt aufzuschreien.«

Michel Friedman, Vizepräsident des Zentralrats der Juden in Deutschland, in einem Interview mit der Berliner tageszeitung (taz) am 8. Oktober 2000

Der Historikerstreit

Im Jahre 1986 veröffentlichte der Historiker Ernst Nolte das Buch *Der europäische Bürgerkrieg*. Noltes These: Auschwitz, und damit die systematische Vernichtung von Juden, sei eine »Kopie« der »asiatischen Barbarei«, des bolschewistischen Gulag-(Lager-)Systems. Die Massenermordung der Juden sei zwar in ihrer Radikalität und Maßlosigkeit »singulär« gewesen, aber die Ursprünge lägen im Bolschewismus. Nur aus dem Gulag erkläre sich Auschwitz. Dass die Vernichtung des Judentums eine Reaktion des Nationalsozialismus auf das Sowjetsystem sei, versuchte Nolte unter anderem damit zu belegen, dass innerhalb der russischen und kommunistischen Bewegung jüdische Revolutionäre eine bedeutende und ideologisch prägende Rolle gespielt hätten. Da die Nazis die Juden für die »bolschewistischen Massaker« verantwortlich gemacht hätten, sei die von den Nazis betriebene Vernichtung der Juden nichts anderes als eine Reaktion auf ein zuvor begangenes Verbrechen gewesen – »Strafe und Präventivmaßnahme« zugleich.

Walser und (k)ein Ende der Debatte?

Diese Relativierung der nationalsozialistischen Verbrechen durch den Historiker Nolte findet ihre Fortsetzung in dem literarischen »Schluss mit der Debatte«-Postulat Martin Walsers. Am 11. Oktober 1998 war dem Schriftsteller der Friedenspreis des Deutschen Buchhandels in Frankfurt am Main verliehen worden. In seiner Dankesrede in der Paulskirche klagte Walser die »Instrumentalisierung unserer Schande zu gegenwärtigen Zwecken« an und meinte damit, Auschwitz werde den Deutschen permanent vorgehalten, um ihnen ein schlechtes Gewissen zu bereiten. »Kein ernst zu nehmender Mensch deutelt an der Grausamkeit von Auschwitz herum«, räumte der deutschtümelnde Poet ein, »wenn mir aber jeden Tag in den Medien diese Vergangenheit vorgehalten wird, merke ich, dass sich in mir etwas gegen diese Dauerpräsentation wehrt.« Und offensichtlich sprach er den anwesenden Gästen der Feierstunde aus dem Herzen, als er sich dann auch noch gegen das Holocaust-Mahnmal in Berlin aussprach, der »Monumentalisierung der Schande«. Die politische und intellektuelle »Elite« der Bundesrepublik Deutschland erhob sich von den Plätzen, um dem deutschen »Bedenkenträger« für seine offenen Worte zu danken. Allein dem inzwischen verstorbenen Präsidenten des Zentralrats der Juden in Deutschland, Ignatz Bubis, blieb es vorbehalten, zu begreifen, was die Rede war: »geistige Brandstiftung«. Schließlich wies Walser in einem von der *Frankfurter Allgemeinen Zeitung* organisierten Streitgespräch den Schoa-Überlebenden Bubis, dessen Vater in Treblinka ermordet worden war, auch noch zurecht: Er, Walser, habe sich schon mit der Reflexion der deutschen Verbrechen auseinander gesetzt, da sei Bubis noch »mit ganz anderen Dingen« beschäftigt gewesen.

> Kinder, spricht der Onkel Walser,
> Freibörsianer, Allumhalser,
> unser einst zu schmales Land
> ist jetzt ein normales Land,
> wo man wieder schreibt und sagt,
> was uns an uns selbst behagt.
> Schaut euch um, doch nicht zurück:
> Ravensburg statt Ravensbrück;
> Messkirch, auch sehr hübsch gelegen,
> traulicher als Esterwegen.
> Dachau? Flossenbürg? Ach, geh!
> Bodensee – nicht Plötzensee.
> Und so weiter dergestalt,
> dass sich jeder ohne Reue
> unsrer Nazion erfreue:
> ›Westerwald!‹ – statt Buchenwald.
>
> Peter Rühmkorf, 1999

Die Linke und der Antizionismus

Die Studenten- und Jugendbewegung in der Bundesrepublik wollte den »Muff unter den Talaren« der Gesellschaft wegfegen und die Verantwortlichkeit der Eltern für die Verbrechen im Nationalsozialismus anprangern. Im Kampf gegen das Establishment begann sich die so genannte 68er-Generation gegen Unterdrücker und Aus-

Davidstern an der Kanzel in der Kölner Synagoge

beuter in aller Welt zu engagieren und mit deren Opfern zu solidarisieren. Nach dem israelisch-arabischen Sechstagekrieg war der Appell der *Konkret*-Kolumnistin und späteren RAF-Aktivistin Ulrike Meinhof aus dem Jahre 1967 schnell verhallt: »Es gibt für die europäische Linke keinen Grund, ihre Solidarität mit den Verfolgten aufzugeben, sie reicht in die Gegenwart hinein und schließt den Staat Israel mit ein.« Aus Solidarität mit dem palästinensischen Befreiungskampf wurde Israel nur noch aus dem Blickwinkel seiner Staatsgründung betrachtet: Israel wurde zum Vorposten des US-Imperialismus, die Existenz des jüdischen Staates von seiner Geschichte als Zufluchtsort für die Überlebenden und Davongekommenen losgelöst, der »Judenstaat« zu einem Besatzerregime. In den linken Argumentationsmustern in Sachen »israelisch-palästinensischer Konflikt« fanden sich in Bezug auf Israel jene Bilder wieder, die in der deutschen Geschichte immer wieder zur Stigmatisierung von Juden benutzt wurden: das völkisch Fremde, der reaktionäre jüdische Ausbeuter. Die Solidarität mit palästinensischen Opfern in Form eines ideologisch argumentierenden Antizionismus transportierte einen unreflektierten Antisemitismus, in dem die Juden für alles verantwortlich gemacht wurden.

Der jüdische Freund

In der Bundesrepublik Deutschland kommt, statistisch gesehen, auf 1000 Nichtjuden eine Jüdin oder ein Jude. Einen Juden zum Freund zu haben, können sich zum Beispiel in Brandenburg drei Viertel der Jugendlichen nicht vorstellen. Mehr als 50 Prozent der befragten Heranwachsenden äußerten sich offen antisemitisch und wiederholten Stereotypen über den Charakter und die Befindlichkeiten »des Juden«. Kein Einzelfall in den neuen Bundesländern, aber auch keine Ausnahme im Vergleich mit den alten. In einer »Repräsentativumfrage im vereinten Deutschland« im Jahre 1999 legten Oliver Decker und Elmar Brähler 747 Ostdeutschen und 833 Westdeutschen Fragen vor, die über antisemitische und autoritäre Einstellungen Auskunft geben sollten. In beiden Teilen des Landes, so stellten die Autoren der Untersuchung fest, gibt es eine relativ stabile Personengruppe in der Größenordnung von 15 bis 20 Prozent, die »offen antisemitischen und autoritär-orientierten Aussagen« zustimmen. Nach Meinung von Decker und Brähler ist das Forschungsergebnis Anlass zur Sorge, denn diese Position verändere sich nicht durch ökonomische, politische oder gar soziale Faktoren. Und wer die schriftliche Reaktion auf die scharfen Worte des Präsidenten des Zentralrats der Juden in Deutschland, Paul Spiegel, zur christdemokratisch initiierten Debatte über die »deutsche Leitkultur« liest, ist erschrocken, welche heftigen, latenten und offen antisemitischen Positionen sich aus der »Mitte der Gesellschaft« Bahn brechen. Spiegel hatte am 9. November 2000 auf der Großdemonstration zum Gedenken an die »Reichspogromnacht« im Jahre 1938 gefragt: »Ist es etwa deutsche Leitkultur, Fremde zu jagen, Synagogen anzuzünden, Obdachlose zu töten?«

»Wir, die so genannte Zweite Generation, wissen am allerbesten, wie es um Deutschland bestellt ist. Wir wuchsen auf in einer Gesellschaft, die keineswegs normal war, sondern verdruckst, verschreckt, schweigend und verlogen. Es sind die reaktionären 50er- und 60er-Jahre, die uns geprägt haben, bis hin zur Studentenrevolte von 1968, als unsere nichtjüdischen Klassenkameraden und Kommilitonen auf die Straßen gingen, um nicht zuletzt gegen ihre Nazieltern zu protestieren. Doch auch von ihnen wurden wir im Laufe der Jahre mehr und mehr enttäuscht, als wir erlebten, wie diese linken Kommilitonen den Antisemitismus ihrer Eltern übernahmen und ihm lediglich ein neues ideologisches Deckmäntelchen namens ›Anti-Zionismus‹ überwarfen.«

Richard Chaim Schneider: Wir sind frei, in: Berliner Zeitung vom 6. Oktober 2000

Immer wieder wird in Deutschland versucht, diejenigen von ihrer Schuld zu entlasten, die durch ihr komplizenhaftes Schweigen die Naziverbrechen ermöglicht hatten. Und nach wie vor ist der Antisemitismus in allen Bevölkerungsgruppen und politischen Richtungen vorhanden.

Der jüdische Kalender und die jüdischen Feiertage

Wenn die Sonne am Firmament verschwindet und die Nacht hereinbricht, beginnt der jüdische Tag. Das Lichterzünden am Freitag symbolisiert den Anfang des jüdischen Ruhetages, des Schabbat.

»Festtage: Tage, die Personen oder Ereignissen zu Ehren festlich begangen werden; in ihren äußeren Formen i.d.R. durch Tradition und Brauch bestimmt. F. gliedern den Jahres- und Lebenslauf; sie markieren Höhepunkte im Leben des einzelnen Menschen, aber auch menschl. Gemeinschaften (...). Staaten gedenken an Nationalfeiertagen herausragender Ereignisse ihrer Geschichte (...). Alle Religionen kennen regelmäßig wiederkehrende F., um sich der religiösen Wahrheiten des Glaubens oder wichtiger Ereignisse der jeweiligen religiösen Geschichte zu vergewissern.«

Brockhaus, Die Enzyklopädie in 24 Bänden

Am Anfang stand die Schöpfung der Welt

Die jüdische Zeitrechnung bezieht sich auf die in der Bibel genannte Schöpfung der Welt. Sie wird seit dem zehnten Jahrhundert auf das Jahr 3761 vor der vermeintlichen Geburt Christi datiert. Die christliche Welt orientiert sich an der von Papst Gregor XIII. im Jahre 1582 eingeführten Zeitrechnung. Der gregorianische Kalender hat 365 Tage. Der jüdische Kalender orientiert sich – »lunisolar« – an den Sonnen- und Mondphasen, die Monate werden nach dem Mond, die Jahre nach der Sonne berechnet. Der Tag beginnt mit dem Hereinbrechen der Nacht. Der siebte, der jüdische Ruhetag, wird Schabbat genannt. Die Woche beginnt folglich mit dem Sonntag, dem christlichen Ruhetag.

Von Tischri bis Elul

Das jüdische Jahr hat Monate mit je 29 Tagen, die »mangelhaft« sind, und mit 30 Tagen, die als »volle« Monate gezählt werden. Wie der gregorianische kennt der jüdische Kalender zwölf Monate. Die Monatsnamen sind aus dem Babylonischen entlehnt. Tischri hat 30, Cheschwan und Kislew sowohl 29 als auch 30, Tewet 29, Schewat 30, Adar 29, Nissan 30, Ijar 29, Siwan 30, Tammus 29, Aw 30 und Elul 29 Tage. Um die sich dabei ergebenden Ungenauigkeiten auszugleichen, wird in Abständen dem jüdischen Kalender ein weiterer Monat, Adar II, hinzugefügt. Für die Berechnung des Jahresanfangs ist der Zeitpunkt wichtig, an dem der Mond genau zwischen Sonne und

Schabbat-Gottesdienst der Liberalen Jüdischen Gemeinde Gescher Lamassaret, Köln

Erde steht, die so genannte »mittlere Konjunktion«. Das jüdische Jahr beginnt in den Monaten September oder Oktober und wird »Kopf des Jahres«, im Hebräischen Rosch Haschana, genannt. Das Jahr 5761 hat im Jahr 2000 mit dem Einbruch der Dunkelheit am 29. September begonnen und endet mit dem Sonnenuntergang am 17. September des Jahres 2001.

Hohe Feier-, Fest- und Wallfahrtstage

Hohe Feiertage sind Rosch Haschana (Jahresanfang) und das Jom Kippur genannte Versöhnungsfest; als Halbfeiertage gelten Simchat Tora, das Fest der »Thorafreude«, Chanukka, das »Lichter- oder Weihefest«, das meist um das christliche Weihnachtsfest herum begangen wird, Tu Bischwat, das »Neujahrsfest der Bäume«, und Purim, das »Losfest«; Wallfahrtsfeste sind Pessach, Schawuot und Sukkot, das Laubhüttenfest; dazu gibt es noch so genannte Fastentage, neben Jom Kippur der 9. Tag des Monats Aw, an dem die beiden Tempel in Jerusalem zerstört wurden. Die nationalen Feiertage des jüdischen Staates: Am 26. Nissan wird dem Holocaust mit dem Jom Haschoa, der nationalen Unabhängigkeit mit dem Jom Ha'azmaut am 5. Ijar – Staatsgründung war am 14. Mai 1948 – gedacht.

Die Hohen Feiertage: Rosch Haschana und Jom Kippur

Die Hohen Feiertage gelten als die zehn »Tage der Ehrfurcht«. Zwischen dem »Kopf des Jahres«, dem Neujahrsfest, und dem »Versöhnungsfest« sollen die Juden Rechenschaft ablegen – vor sich selbst und »vor Gott«. Mit Menschen, mit denen man sich zerstritten hat, soll man sich versöhnen, bei jenen, denen man Unrecht getan hat, sich entschuldigen. Nach der rabbinischen Auslegung der Schöpfungsgeschichte wurde am 1. Tischri die Welt erschaffen. Rosch Haschana ist seinem Charakter nach ein Tag des »himmlischen Gerichts über die Menschen«. Nach der jüdischen Vorstellung werden an jenem Tag drei Bücher eröffnet: für die vollkommen Gerechten, die vollkommen Bösen und die Durchschnittlichen. Gegenseitig wünschen sich die Gläubigen deshalb, »zu einem guten Jahr möget Ihr eingetragen werden«. Beim Festmahl wird ein rund gebackenes Brot – Challe – gegessen, »damit es ein rundes Jahr wird«, und Apfelstücke in Honig getaucht, damit die kommenden zwölf Monate süß werden. Rituelles Hauptelement ist das Blasen des Schofar, eines ausgehöhlten Widder- oder Antilopenhorns. Die zehn Bußtage enden mit dem Versöhnungsfest. Jom Kippur ist ein strenger Fastentag, den die Gläubigen in der Synagoge verbringen. Mit dem Schofarblasen klingt das Versöhnungsfest aus.

Vom Lichterfest zu Purim

Das Chanukka-Fest erinnert an die erfolgreiche Erhebung der Juden gegen das Syrische Reich im Jahre 167 vor der neuen Zeitrechnung. Während des acht Tage dauernden Festes wird täglich eine weitere Kerze entzündet. Der achtarmige Leuchter wird nur zu diesem Fest benutzt. Tu Bischwat gilt als Neujahrsfest der Bäume, das mit dem

Ende der Regenzeit in Israel zusammenfällt und den Beginn der Pflanzperiode markiert. An diesem Tag ist es Brauch, 15 verschiedene Früchte zusammenzutragen und zu verzehren. Purim ist auch ein Freudenfest. Im alten Persien überredete Haman den König, die Juden zu töten. Dank einer List gelang es der Königin Esther mit Hilfe ihres Onkels Mordechai, das Mordkomplott zu vereiteln. An Purim verkleiden sich die Menschen wie zu Karneval, das Trinken von Alkohol ist sogar ausdrücklich erlaubt.

Pessach, Schawuot und Sukkot

An Pessach wird des Auszugs aus dem ägyptischen Exil und der damit verbundenen Entbehrungen gedacht. Gesäuerte Lebensmittel (»Chamez«) werden aus dem Haus verbannt und rituell verbrannt, es gibt nur noch das »Brot des Elends«, ungesäuerte Mazze, zu essen. Schawuot, das so genannte Wochenwest, markiert die Übergabe der Gesetzestafeln an Mose und ist zugleich ein Erntefest, bei dem die ersten Früchte im Tempel zu Jerusalem geopfert wurden. Das Laubhüttenfest, Sukkot, hängt ebenfalls eng mit dem Auszug aus Ägypten zusammen. Um das Provisorium der Existenz zu symbolisieren, soll in jedem jüdischen Haushalt eine Sukka, eine Laubhütte, errichtet werden. Die Familie soll an den acht – in Israel sieben – Festtagen darin zumindest essen. Sukkot endet mit dem Fest der Thorafreude. An Simchat Tora wird in einer ausgelassenen, überschäumenden Feier die lebendige Beziehung zur Thora begangen, in den Straßen und Synagogen wird getanzt. Simchat Tora beginnt am achten Tag von Sukkot und beendet zugleich den jährlichen Zyklus der Lesung der Wochenabschnitte während des Gottesdienstes.

»Als die Makkabäer den Tempel im Jahre 165 v.Z. wieder einweihen und die sieben Lichter der Menora zünden wollten, fanden sie nur noch ein einziges versiegeltes Krüglein mit Öl, welches das Gütezeichen des Hohenpriesters trug und somit rein war. Eigentlich reichte die Menge des Öls nur für einen Tag, wunderbarerweise brannten die Lichter jedoch acht Tage. Der Leuchter, der an diesen Moment erinnert, die Chanukka, hat deshalb acht Arme.«

Elisa Klapheck: Lichterzünden – Anmerkungen zu Chanukka, in: jüdisches berlin 29, 12/2000

Der jüdische Kalender weicht erheblich vom christlichen gregorianischen Kalender ab, die Feste beziehen sich auf die Hoffnungen, Freuden und Leiden der Juden. Die wichtigsten Feiertage sind der Jahresanfang und das Versöhnungsfest.

Jüdische Traditionen und Riten

Eine Jüdin oder ein Jude, der »gesetzestreu« leben will, muss die religiösen Vorschriften und Traditionen des Judentums einhalten und erfüllen. Der siebte Tag, der Schabbat, erinnert an den Ruhetag in der Schöpfungsgeschichte.

»Alles, was gespaltene Klauen und die Klauen ganz durchgespalten hat und wiederkäuend ist unter dem Vieh, das dürft ihr essen. (...) Und das Schwein, denn es hat gespaltene Klauen und die Klauen ganz durchgespalten, ist aber kein Wiederkäuer – unrein sei es euch.«

3. Buch Mose 11,3 und 7

Koschere Ernährung

Wer nach den jüdischen Religionsgesetzen leben will, muss sich auch »einwandfrei« – »koscher« –, das heißt, entsprechend der Speisegebote und -verbote, ernähren. Nach den Kaschrut-Gesetzen gelten Früchte und Gemüse mit wenigen Ausnahmen als koscher. Bei Tieren wird zwischen »reinen« und »unreinen« Tieren unterschieden. Als »reine Tiere« gelten Wiederkäuer (Paarhufer), deren Klauen vollständig gespalten sind. Dementsprechend sind Schwein, Kamel und Hase vom Verzehr ausgeschlossen. Entsprechendes gilt für aasfressende Tiere. Wassertiere mit Flossen und Schuppen sind rein, Aal, Hai und Meeresfrüchte dagegen »treife« und damit nicht zum Konsum zugelassen. Milchige Speisen müssen strikt von fleischigen getrennt werden. Tiere werden von einer speziell ausgebildeten religiösen Person geschächtet, geschlachtet, und müssen vollständig ausbluten. Nach der Halacha ist der Verzehr von Blut und Fettgewebe verboten.

Und am Schabbat sollst du ruh'n

Der Schabbat erinnert an das Ruhen Gottes am siebten Tag der Schöpfungswoche, er beginnt am Freitagabend mit dem Sonnenuntergang und dem Zünden der Schabbatkerzen. Traditionell wird nach der Rückkehr vom Gottesdienstbesuch beim Schabbatmahl der Segen über Wein und Brot, der Kiddusch, gesprochen. Am Schabbat gilt ein absolutes Arbeitsverbot. Der Tag soll dem Ausruhen dienen, der Gläubige soll sich der Familie widmen.

Körperliche Anstrengungen sind nicht verboten, jedoch »Neues zu produzieren«. Der Schabbat endet bei Dunkelheit am Samstag, sobald am Himmel drei Sterne erschienen sind.

Purim: Das Freudenfest der Juden zur Erinnerung an die Errettung der persischen Juden durch die Königin Esther

Britmila – Beschneidung

Die Beschneidung des Penis ist ein grundlegendes Gebot des Judentums und »äußeres« Zeichen des Bundes, den der Stammvater Abraham zu biblischen Zeiten mit Gott geschlossen hatte. Die Britmila erfolgt am achten Tag nach der Geburt. Sie ist eine religiöse Pflicht, eine Mizwa. Vorgenommen wird sie von einem religiös geschulten und speziell ausgebildeten Beschneider. Der so genannte Mohel ist bei der Zeremonie im Kreise der Familie mit einem Gebetsschal, dem Tallit, bekleidet. Mit einem scharfen Messer schneidet er die Vorhaut ab. Bei der Britmila liegt der Junge, gebettet auf einem Tallit, auf dem Schoß des Sandak, des Paten. Die Anwesenden sprechen dabei: »Wie er in den Bund eingeführt worden ist, so möge er in die Thora, in die Ehe und in die Ausübung guter Werke eingeführt werden.« Mit der Britmila wird dem Jungen auch ein Name gegeben.

»Wandle vor mir und sei fromm. Und ich will meinen Bund zwischen mir und dir schließen (...). Das ist mein Bund (...). Alles, was männlich ist unter euch, soll beschnitten werden (...). Das soll das Zeichen sein des Bundes zwischen mir und euch.«

1. Buch Mose 17,1-2 und 9-11

»In der Stunde des Abscheidens eines Menschen begleiten ihn nicht Silber und nicht Gold, nicht Edelsteine und nicht Perlen, sondern Weisung und gute Taten allein.«

Sprüche der Väter, 6,9

Bar- und Bat-Mizwa – religiöse Volljährigkeit

Mit der Vollendung des dreizehnten Lebensjahres wird ein jüdischer Junge im religiösen Sinne volljährig – er wird Bar-Mizwa, zum »Sohn der Pflicht«. Mädchen erreichen die religiöse Volljährigkeit bereits mit der Vollendung des zwölften Lebensjahres. Allerdings wurde die Bat-Mizwa bis ins 19. Jahrhundert nicht gefeiert. Erst die jüdische Reformbewegung führte eine entsprechende Feier ein. Jedoch wird die Bat-Mizwa fast ausschließlich in Kreisen des Reformjudentums begangen. Mit der religiösen Volljährigkeit können die Heranwachsenden auch am Gemeindeleben teilnehmen. Dazu gehört nicht nur der Gottesdienstbesuch, sondern auch der Aufruf zur Thora, um daraus vorzulesen. Die Bat- oder der Bar-Mizwa liest in einer feierlichen Zeremonie an einem der Tage nach der Vollendung des zwölften beziehungsweise des dreizehnten Lebensjahres aus der Thora, meist einen Teil des entsprechenden Wochenabschnittes. Jungen legen dazu zum ersten Mal die Tefillin genannten Gebetsriemen an und werfen sich den Tallit um. Sie werden fortan zum Minjan, zum Beterkreis, gerechnet.

Chuppa – die Hochzeit

In der jüdischen Bibel hatte das Eherecht matriarchalen Ursprung, erst später entwickelte es sich zu einer »Institution des Patriarchats«. Braut und Bräutigam stehen unter dem Traubaldachin, der Chuppa. Die Chuppa muss dabei in Richtung der einstigen Tempel in Jerusalem ausgerichtet sein. Im Beisein der Hochzeitsgäste werden die sechs Hochzeitssegen gesprochen und der Ehevertrag verlesen. Danach muss die Braut den Gatten siebenmal umrunden, dieser zertritt mit dem rechten Fuß ein Glas. Der Ehemann muss für den Unterhalt seiner Frau, den ehelichen Verkehr und »die Auslösung aus Gefangenschaft garantieren«. Die Frau wiederum verpflichtet sich zu ehelichem Verkehr, der ehelichen Treue, der Führung des Haushalts. Eine Trennung der Ehegatten kann nur durch einen rabbinischen Gerichtshof, einen so genannten Bet Din, erfolgen.

Totenkult

Eine Verstorbene oder ein Verstorbener soll nach jüdischem Ritus schnell bestattet werden. Die Organisation der Beerdigung ist Aufgabe der Chewra Kaddischa, der »Beerdigungsbruderschaft«. Sie sorgt für die rituelle Waschung des Leichnams sowie für die Totenwache und die Totenklage. Die Leiche wird in ein weißes Leinentuch gehüllt und in diesem auch auf dem »Guten Ort« genannten Friedhof bestattet. Im Gegensatz zur christlichen Gewohnheit dürfen jüdische Gräber nicht eingeebnet werden, damit die Toten bei der Ankunft des Messias wiederauferstehen können. Als Zeichen der Trauer reißen die Hinterbliebenen am Grab ihr Kleidungsstück ein. Der älteste Sohn spricht auf der Beerdigung das Kaddisch, das Gebet für den Seelenfrieden. Nach der Beerdigung beginnt für die Familienangehörigen die siebentägige Trauerzeit, die Schiwa. In dieser Zeit bleibt man zu Hause, verrichtet keine Arbeit, sitzt auf niedrigen Stühlen und reduziert als Zeichen der Trauerarbeit die Körperpflege auf das absolute Minimum. Dazu gehört auch das Verbot, sich während der nächsten 30 Tage die Haare zu schneiden oder sich zu rasieren. Nach dem Ende des Trauerjahres wird zur Jahrzeit der Grabstein gesetzt.

»Denn der Sabbat ist nicht nur einfach ein Ruhetag. (...) es bedeutet vielmehr: innehalten, aufhören. Das ist denn auch der Kern des Wesens des jüdischen Sabbats: der Schöpfung Hände und Geist entziehen und dem Schöpfer alle sieben Tage einmal sein Werk wieder zu Füßen legen.«

Rabbiner S. Ph. De Vries: Jüdische Riten und Symbole. Reinbek 1981

Das religiöse Leben der Juden ist von der Wiege bis zur Bahre in sehr viele Kodizes eingebunden, die sich alle aus den fünf Büchern Mose, die den Juden nach der Sage auf dem Berg Sinai von Gott gegeben wurden, ableiten.

Alleinvertretung der Juden und religiöse Unterschiede

Die jüdische Emanzipationsbewegung ist die Geburtsstunde des modernen Judentums, die neben den orthodoxen Glaubensinterpretationen und Gottesdienstriten das Reformjudentum entstehen ließ. Der Zentralrat der Juden in Deutschland versteht sich als Vertreter von Juden aller Glaubensrichtungen.

Gesamtvertretung

Der Großteil der in Deutschland lebenden und einer Jüdischen Gemeinde angehörenden Juden wird vom Zentralrat der Juden in Deutschland vertreten. Aufgabe des Zentralrats ist es, die »religiösen und kulturellen Aufgaben der Jüdischen Gemeinden« zu pflegen und die »gemeinsamen politischen Interessen der jüdischen Gemeinschaft« zu vertreten. Mitglied einer Jüdischen Gemeinde kann die- oder derjenige werden, der die halachischen Bedingungen des Judentums erfüllt: Nachkomme einer jüdischen Mutter zu sein oder ein rabbinisch anerkannter Übertritt zum Judentum. Die Jüdischen Gemeinden verstehen sich als Einheitsgemeinden, unter deren Dach sämtliche Glaubensrichtungen existieren können – orthodoxe, konservative und reformerische Religionsformen. Allerdings folgen die meisten Jüdischen Gemeinden orthodoxen Riten, durch die sich Anhänger des Reformjudentums ausgegrenzt fühlen, die sich inzwischen in der Union progressiver Juden in Deutschland, Österreich und der Schweiz zusammengeschlossen haben.

Das Dogma von der Einheitsgemeinde

Das Festhalten am Vorrang der Einheitsgemeinde wird seit einigen Jahren heftig kritisiert, und nicht nur von der »Union«. Die Einheitsgemeinde habe in einem Land mit einer Vielzahl kleiner Jüdischer Gemeinden zwar eine Berechtigung, aber damit dürfen abweichende religiöse Praktiken von der Orthodoxie nicht dominiert werden. Der Frankfurter Leiter des Fritz-Bauer-Instituts, Micha Brumlik, Mitglied der zur Frankfurter Jüdischen Gemeinde gehörenden Reformgruppe, findet es unerträglich, dass mit der Idee der Einheitsgemeinde gleichzeitig »Ansprüche auf die Gestaltung des religiösen Lebens verbunden sind«. Brumlik kritisiert, dass das Primat einer Jüdischen Gemeinde, nämlich »Bet- und Lebensgemeinschaft« zu sein, hinter staatskirchenrechtliche Regelungen zurücktrete. Damit werde eine Hierarchie reklamiert, die dem Judentum inhaltlich fremd sei.

Im Zentralrat sind die 16 Landesverbände Jüdischer Gemeinden sowie vier Großgemeinden, Berlin, Frankfurt, München und Köln, zusammengeschlossen. In der Bundesrepublik Deutschland gibt es rund 82000 eingeschriebene Mitglieder. Die derzeit 83 Jüdischen Gemeinden sind steuerrechtlich den evangelischen und katholischen Glaubensgemeinschaften gleichgestellt. Sie erhalten, sofern sie die rechtlichen Anforderungen einer Körperschaft des öffentlichen Rechts erfüllen, Kultussteuern. Die Union progressiver Juden in Deutschland, Österreich und der Schweiz vertritt »deutlich über 1000 Mitglieder« und verfügt in Deutschland über Gemeinden in Heidelberg, Bad Pyrmont, Celle, Hameln, Hildesheim, Seesen, Kassel, Köln, München, Hannover und Halle.

Orthodoxe, Konservative und Reformjuden

Für die jüdische Orthodoxie sind die in der Thora von Gott festgelegten Glaubensgrundsätze unumstößlich. Sie gelte es, »gesetzestreu« zu befolgen. Zwar müsse die Thora immer wieder ausgelegt, aber nicht nach neuzeitlichen Vorstellungen uminterpretiert werden. Die Konservativen versuchen dagegen, religiöse Tradition, Thoratreue und Moderne in Einklang zu bringen. Das macht sich vor allem in der »Reform« von Gottesdienstabläufen bemerkbar. Das Reformjudentum begreift das Judentum als eine sich entwickelnde Religion. Der Ritus müsse sich jeder Generation anpassen, Religionsgesetze von Generation zu Generation immer wieder neu ausgelegt und reformiert werden. Während in orthodoxen und konservativen Gemeinden Frauen separat sitzen und nicht zum Beterquorum gezählt werden, sind bei den Reformjuden Frauen in der Synagoge gleichberechtigt, gehören zum Minjan. Lediglich bei den Reform- und konservativen Gemeinden dürfen auch Frauen Gebetsschal, -riemen und die Kippa, die runde Kopfbedeckung, tragen.

In der Öffentlichkeit werden die Debatten über die verschiedenen Richtungen des Judentums als politische Begriffe missverstanden. Orthodoxes, konservatives oder liberales Judentum unterscheidet sich jedoch nur in der religiösen Ausübung.

Jüdisches Leben außerhalb des Religiösen?

Jüdisches Leben ist mehr als Gottesdienstbesuch, die Bücher Mose, synagogale Gesänge und die bildliche Darstellung von Mose am Berg Sinai.

Im Gottesglauben fest verwurzelt

»Das Leben von Juden in Deutschland beschränkt sich auf physisches Dasein. Es gibt so gut wie kein geistiges Leben, das um etwas anderes als um das deutsch-jüdische Verhältnis, um Auschwitz, um Antisemitismus kreisen würden.«

Barbara Honigmann, jüdische Schriftstellerin

Jüdisches Leben im Alltag, in der Literatur, in der Malerei, in der Musik und der Philosophie lässt sich ohne Religion, ohne den Gottesglauben, nicht denken und verstehen. Fast schon eine Banalität, weil sie auf alle Menschen zutrifft: Jemand, der eine jüdische Erziehung genossen hat, wird in seinen Lebensäußerungen, in seinem schaffenden oder reproduzierenden Wirken diese Formation reflektieren. In Deutschland wird die Zahl der »Menschen jüdischer Herkunft« auf nahezu 125 000 geschätzt. Ein Drittel von ihnen sind offiziell nicht Mitglieder einer Jüdischen Gemeinde, was jedoch nicht automatisch bedeutet, dass sie areligiös sind. Aber repräsentieren diese Menschen nicht auch ein Stück Jüdischkeit? Und wie sieht diese aus? Fragen, die so schwer oder so einfach zu beantworten sind wie die Frage nach dem Einfluss des christlichen Wertesystems auf die politische und kulturelle Entwicklung dieses Landes.

Tefillin (Gebetsriemen)

Klesmermusik ohne Ende

Vieles, was jüdisches Leben in Deutschland ausmachte, ist vernichtet, nicht nur durch die Ermordung der Menschen – Bücher von Juden und jüdische Bücher wurden verbrannt, Notenhefte jüdischer Komponisten zerrissen,

Bilder mit religiösen und nichtreligiösen Themen zerstört. Wenn es nach der öffentlichen Wahrnehmung des Judentums heute geht, dann klesmert es in Deutschland. Klesmer, die traditionelle Musik der jiddischsprachigen Juden Osteuropas, steht im Deutschland des 21. Jahrhundert für das Judentum und dessen öffentliche kulturelle Manifestation. Der gequält intonierte Klang der Klarinette, die unendlich wirkende Traurigkeit des Blasinstruments, damit wird das Judentum – allerdings nicht nur in Deutschland – identifiziert. Die gequetschten Töne lassen die Qualen und Leiden des »Volkes Israel« in der Vergangenheit nachvollziehen: Keine Gedenkstunde, die nicht der Klarinettist Giora Feidman musikalisch einleitet oder ausklingen lässt. Und die jauchzende Fidel lässt den ungebrochenen Lebenswillen erahnen. Das alles bietet Möglichkeiten der Identifikation und des Mitleidens.

»Jüdische Kultur ist die begriffliche Zusammenfassung der dem jüdischen Volke eigenen Erscheinungsäußerungen seiner geistigen Anlagen und der daraus entspringenden Lebensformen auf sozialen, politischen und intellektuell-künstlerischem Gebiete. (...) Sie war stets sittlich, sozialethisch und religiös orientiert. (...) (Jüdische Kultur) stellt seit den Tagen der nomadisierenden Hebräer, die ihre Volkswerdung durch einen geistig-moralischen Akt, die Bindung an ein Sittengesetz Gottes, erfahren hatten, ein geschlossenes System dar, das, in seinem Kern unversehrt, an seinem Rande einen wechselnden Reichtum von Äußerungen und Übergangsformen kannte.«

Hans Kohn,
Buber-Biograph

Ohne Tevje, Fidel und Peijes

Kultur bezeichnet alles, was der Mensch geschaffen hat, also nicht naturgegeben ist. Dazu gehört die Wertschätzung, die dem Geschaffenen zukommt oder eingeräumt wird. Jüdisches Leben findet heute in Deutschland aufgrund der offenen Bedrohung in streng abgeschirmten Gemeindezentren statt. Jüdisches Leben und damit jüdische Kultur ist allerdings mehr als Klarinettentöne und auf dem Dach tanzende Tevjes in Form von Ivan Rebrow, Peijes und Bart tragenden Möchtegern-Juden in jiddischen Theatern. Malerei endet nicht mit Marc Chagalls fliegenden Lichtgestalten über russischen Schtetln. Aber was war und ist an Albert Einsteins Relativitätstheorie jüdisch? Was zeichnet den Teenie-Schwarm Gil aus München als jüdischen Sänger aus? Was unterscheidet jüdische Raver in einer Münchener Disco von ihren türkischen Mittänzern?

Jüdische Kritiker sprechen vom »desolaten Zustand der religiösen und kulturellen Erziehung« in Deutschland. Sie bemängeln vor allem, dass es keine innerjüdische Debatte über religiöses, kulturelles und politisches Leben in Deutschland gebe.

(K)ein Richtungsstreit

Erst in den vergangenen Jahren ist eine, wenn auch noch zaghafte, Diskussion innerhalb der jüdischen Gemeinschaft über die eigene Verortung entstanden. Kann, darf man sich nach der Schoa wieder als »deutscher Jude« oder »jüdischer Deutscher« verstehen?

Juden in Deutschland

»Juden in Deutschland fühlen sich, als würden sie auf einem zugefrorenen See laufen. An einigen Stellen ist das Eis dick, an anderen dünn. Wer schnell läuft, kann auch einbrechen.«

Andreas Nachama, Vorsitzender der Jüdischen Gemeinde zu Berlin, in: Newsweek

Die Mehrheit der jüdischen Bevölkerung im Deutschen Reich des ausgehenden 18. und des beginnenden 19. Jahrhunderts definierte sich selbst als Deutsche jüdischen Glaubens. Für die Schoa-Überlebenden war das keine Frage mehr und schon gar nicht Gegenstand von Überlegungen: Sie verstanden sich nur noch als Juden in Deutschland. Der millionenfache Mord der Nazis hatte den Juden alle Grundlagen entzogen, sich mit dem deutschen Staatsgefüge zu identifizieren. Bei der Gründung des Zentralrats der Juden in Deutschland im Jahr 1950 gab es deshalb keine große Debatte über die Namensgebung. »Juden in Deutschland« drückte Übergang und zugleich Distanz aus, es war eine räumliche Standortbestimmung, keine inhaltliche Verortung. Aber gleichzeitig wurde mit dem Titel ein Existenzanspruch formuliert, der nach allen Seiten kundtat: Wir selbst entscheiden darüber, wann, warum und wie lange wir hier bleiben werden; wir werden bleiben, wenn wir die Grundlagen dafür gegeben sehen; wir werden dann gehen, wenn wir es für richtig halten; aber es ist ganz allein unsere Entscheidung.

Eine Frage des Selbstverständnisses

Daran änderte auch nichts, dass entgegen der ursprünglichen Pläne Juden in Deutschland blieben, andere aus dem Exil zurückkehrten und die Jüdischen Gemeinden größer wurden. Die Frage des Selbstverständnisses als Juden in Deutschland stellte sich jedoch in den Folgejahren immer wieder, aus vielerlei Gründen: Das bedrohliche Bild der Schoa verblasste in den Nachkriegsjahren keineswegs, und latenter und offener Antisemitismus verhinderte, dass diese Diskussion überflüssig geworden wäre. Allerdings symbolisierten und symbolisieren Gemeindeeinrichtungen, Synagogen, Friedhofserweiterungen, Jüdische Volkshochschulen, Jüdische Museen, spezielle Bibliotheken für Judaica nicht nur ein Einrichten in der deutschen Realität, die Etablierung der Jüdischen Gemeinden veränderte auch das Selbstverständnis bei Teilen ihrer Mitglieder. Es stellte sich die Frage: Wer sind wir, und welchen Einfluss hat unser Leben hier auf unsere eigene Identität.

»Guten Tag, mein Name ist Goldberg.«
»Ah, sind Sie Jude?«
»Was fällt Ihnen ein! Ich bin Deutscher, genauso wie Sie.«
»Und fühlen Sie sich verantwortlich für das, was die Nazis im Dritten Reich getan haben?«
»Sind Sie verrückt? Ich bin doch Jude.«

Malte Lehming, Verkrampft in alle Ewigkeit, in: Allgemeine Jüdische Wochenzeitung vom 20. Januar 2000

Auf dünnem Eis

Juden in Deutschland und die sich zum jüdischen Glauben bekennenden Deutschen bewegen sich noch immer auf dünnem Eis, denn alle wissen um die deutsche Geschichte und um das labile Verhältnis zwischen jüdischen und nichtjüdischen Deutschen. Gleichzeitig sind aber die tatsächlichen Lebensumstände der Juden von der festen Einbindung in das bundesrepublikanische Leben geprägt. »Unser Problem ist: eine Zwitteridentität«, formuliert der Münchener Film- und Buchautor Richard Chaim Schneider, »ein gespaltenes Verhältnis zu diesem Land, das unser Geburtsland ist – unsere ›Heimat‹, das aber unser Volk, unsere Familien noch wenige Jahre vor unserer Geburt umbrachte und dessen ›Kultur‹ wir nun in dessen Schulen eingeimpft bekamen. Eine Kultur, die nach Auschwitz führte.«

Auch wenn die nachwachsende Generation zum Teil sehr entschieden ablehnt, sich als »deutsche Juden« zu bezeichnen, gibt es doch eine anwachsende Zahl junger Juden, die sich heute wieder auf ein »deutsch-jüdisches Erbe« bezieht.

Glossar

Alija: Hebräisch, Aufstieg, Einwanderung nach Eretz Israel.

Bar-Mizwa: »Sohn des Gebots«. Knabe, der seinen dreizehnten Geburtstag begangen hat und damit halachisch, volljährig, geworden ist.

Bat-Mizwa: Eine der Bar-Mizwa entsprechende Feier für Mädchen im Alter von zwölf Jahren bei Nichtorthodoxen.

Britmila: Beschneidung aller männlichen Nachfahren am achten Lebenstag.

Chanukka: Achttägiges Lichterfest zum Gedächtnis an die Wiedereinweihung des Tempels nach dem Makkabäeraufstand, nach dem christlichen Kalender etwa im Dezember.

Cheder: Schulzimmer. Im Erziehungssystem der osteuropäischen Juden die Grundstufe der Unterweisung im Judentum.

Chuppa (Baldachin): Trauhimmel für die Hochzeitszeremonie.

Goj: Hebräisch, Plural Gojim. Abwertend für Nichtjude.

Halacha: Jüdisches Religionsgesetz. Jude ist nach der Halacha die Person, die von einer jüdischen Frau geboren wurde oder aber nach einem freiwilligen Übertritt, der so genannten Konversion, in das Judentum aufgenommen wurde. Die *Proselyten* genannten Konvertiten haben den gleichen religiösen Status wie gebürtige Juden. Der Übertritt gilt als eine geistig-religiöse Neugeburt.

Herzl, Theodor (1860–1904): Österreichischer Schriftsteller und Journalist, Gründer der zionistischen Weltbewegung. Autor des 1896 veröffentlichten Buches *Der Judenstaat*.

Holocaust: Griechisch, ursprünglicher Begriff für ein vollständig vom Feuer verzehrtes Opfer (Gen 2.2.). Heute wird der Terminus für den nationalsozialistischen Massenmord an den europäischen Juden verwendet.

Jom Haschoa: Holocaust-Gedenktag in Israel.

Jom Kippur: Versöhnungsfest, höchster Festtag im jüdischen Kalender.

Jüdischer Kalender: Das jüdische Jahr beginnt mit Rosch Haschana, dem »Kopf des Jahres«. Die Monate sind: Tischri, Cheschwan, Kislew, Tewet, Schwat, Adar, Nissan, Ijar, Siwan, Tamus, Aw, Elul.

Kaddisch: Aus dem 1./2. Jahrhundert stammendes Gebet. Das Kaddisch wird heute von den Söhnen bei der Bestattung der Eltern und in der folgenden Trauerzeit gesprochen.

Kaschrut: Hebräisch für Speisegesetze. »Kascher«, wörtlich »geeignet«, »tauglich«. Im Sinne von »rituell rein« meistens für Speisen verwendet, die entsprechend der religiösen Vorschriften zubereitet worden sind.

Kippa: Kleine runde Bedeckung des Hauptes, wird in der Synagoge, auf dem Friedhof und beim Kaddisch getragen.

Streng traditionelle Juden tragen ständig eine Kopfbedeckung, einen Hut oder die Kippa.

Klesmer: Traditionelle Musik der jiddischsprachigen Juden Osteuropas.

Koscher: Nach den jüdischen Speisegesetzen rituell tauglich zum Verzehr.

Magen David: »Davidstern«. Hexagramm, das sich seit dem 17. Jahrhundert allmählich als Symbol des Judentums durchgesetzt hat.

Menora: Hebräisch, Bezeichnung des siebenarmigen Leuchters. Die Menora wurde nach der Zerstörung des Zweiten Tempels eines der am häufigsten abgebildeten jüdischen Motive und damit das älteste Symbol des jüdischen Volkes.

Mesusa: Hebräisch, Kapsel mit kleiner Schriftrolle. Ist am rechten Türpfosten des Eingangs von jüdischen Häusern und Wohnungen sowie an allen Zimmer angebracht.

Mikwe: Tauchbecken. Ritualbad für alle Frauen und Männer ab ihrer Religionsmündigkeit zur spirituellen Reinigung und Erneuerung. Für Frauen ist ein Ritualbad nach ihrer Monatsregel und nach der Geburt eines Kindes vorgeschrieben.

Minjan: Mindestzahl der zu einer Gemeinde gehörenden Beter, die mindestens 13 Jahre alt sind, zehn männliche Personen.

Pessach: Frühlingsfest, feiert die Wiedergeburt der Natur. An diesem Tage gedenken die Juden des Auszugs aus Ägypten, der Befreiung aus der ägyptischen Knechtschaft.

Pogrom: Russisch für »Vernichtung« oder »Verwüstung«, bezeichnet die »Judenverfolgung«.

Purim: Fastnachtsähnliches Fest in Erinnerung an die Befreiung der Juden im Persischen Reich.

Rabbiner: Halacha-Gelehrter, der die seelsorgerischen und administrativen Pflichten in einer Gemeinde innehat.

Rosch Haschana: Hebräisch für »Kopf des Jahres«. Jüdisches Neujahrsfest, Beginn einer zehntägigen Bußzeit.

Schoa: Hebräisch für »Vernichtung«, »Zerstörung« und »Katastrophe«, in der jüdischen Welt der gebräuchlichste Begriff für den Holocaust.

Schtetl: Jiddisch für eine jüdische Kleinstadt in Osteuropa.

Sukkot: Laubhüttenfest, zur Erinnerung an den Auszug aus Ägypten, als Zeichen der Vergänglichkeit und Wanderschaft.

Tallit: Hebräisch für Gebetsmantel. Viereckiges Tuch aus weißer Wolle, Baumwolle oder Seide mit blauen oder schwarzen eingewebten Streifen, an dem so genannte Schaufäden (Zizit) angebracht sind.

Talmud: Hebräisch, wörtlich: Lehre; die Kodifizierung des mündlichen Gesetzes sowie der Lehren und Interpretationen.

Thora: Hebräisch, wörtlich: Weisung. Bestehend aus den fünf Büchern Mose, der Lehre im Sinne des offenbarten Willens Gottes und der gesamten religionsgesetzlichen Tradition.

Adressen

Zentralrat der Juden in Deutschland
Leo-Baeck-Haus, Tucholskystraße 9, 10117 Berlin
Telefon: 030-284456-0, Fax: 030-284456-13

Zentralwohlfahrtsstelle der Juden in Deutschland
Falkensteiner Straße 1, 60322 Frankfurt/Main
Telefon: 069-944371-0, Fax 069-494817

Bundesverband Jüdischer Studenten in Deutschland e.V.
Joachimstaler Straße 13, 10719 Berlin
Telefon: 030-88551303, Fax: 030-88551305

Hochschule für Jüdische Studien
Friedrichstraße 9, 69117 Heidelberg
Telefon: 06221-22576, Fax: 06221-167696

Zentralarchiv zur Erforschung der Geschichte der Juden in Deutschland
Bienenstraße 5, 69117 Heidelberg
http://www.uni-heidelberg.de/institute/sonst/aj

Union progressiver Juden in Deutschland, Österreich und der Schweiz
Antwerpener Straße 50, 13353 Berlin

Zeitungen:

Allgemeine Jüdische Wochenzeitung
Leo-Baeck-Haus, Tucholskystraße 9, 10117 Berlin
Telefon: 030-284456-50, Fax: 030-284456-99
http://www.juedische-presse.de
eMail: ajw@juedische-presse.de

Aufbau (deutschsprachig)
2121 Broadway, New York, N.Y. 10023
Telefon: 001-212-8737400, Fax: 001-212-4965736
http://www.aufbau2000.com
eMail: Aufbau 2000@aol.com

Israelitisches Wochenblatt
Rüdiger Straße 10, CH-8027 Zürich
Telefon: 0041-1-2064200, Fax: 0041-1-2064210
http://www.iwrj.ch
eMail: verlagmm@iwrj.ch

Jüdische Rundschau
Austraße 25, CH-4051 Basel
Telefon: 0041-61-2066000, Fax: 0041-61-2066060
http://www.juedische.rundschau.ch
eMail: maccabi@baz.ch

Illustrierte Neue Welt
Judengasse 1a, A-1010 Wien
Telefon: 0043-1-5356301

Internet-Adressen:

Hagalil: www.hagalil.com
Archive: www.shoa.hbi-stuttgart.de/biogr

Literatur

Hannah Arendt: Eichmann in Jerusalem. Ein Bericht von der Banalität des Bösen. München: Piper Verlag 1997

Hannah Arendt: Elemente Ursprünge totaler Herrschaft. Antisemitismus, Imperialismus, Totale Herrschaft. München: Piper Verlag 1998

Wolfgang Benz: Antisemitismus in Deutschland. Zur Aktualität eines Vorurteils. München: dtv 1995

Christina von Braun, Ludger Heid: Der ewige Judenhass. Bodenheim: Philo-Verlag 2000

Henryk M. Broder: Die Irren von Zion. München: dtv 1999

Micha Brumlik (Hg.): Jüdisches Leben in Deutschland seit 1945. Frankfurt/Main: Jüdischer Verlag bei Athenäum 1986

Ismar Elbogen, Eleonore Sterling: Die Geschichte der Juden in Deutschland. Hamburg: Europäische Verlagsanstalt 1993

Jörg Hackeschmidt: Von Kurt Blumenfeld zu Norbert Elias. Die Erfindung einer jüdischen Nation. Hamburg: Europäische Verlagsanstalt 1997

Judith Kessler: Von Aizenberg bis Zaidelman – Jüdische Zuwanderung aus Osteuropa in Berlin und die Jüdische Gemeinde heute. Broschüre der Ausländerbeauftragten des Senats von Berlin, Berlin 1995

Beate Meyer, Hermann Simon (Hg.): Juden in Berlin 1938–1945. Berlin: Philo-Verlag 2000

Andreas Nachama, Julius H. Schoeps (Hg.): Aufbau nach dem Untergang – In memoriam Heinz Galinski. Berlin: Argon Verlag 1992

Andre Neher: Jüdische Identität. Einführung in den Judaismus. Hamburg: Europäische Verlagsanstalt 1995

Irit Neidhardt, Willi Bischof (Hg.): Wir sind die Guten – Antisemitismus in der radikalen Linken. Münster: Unrast-Verlag 2000

Ulrike Offenberg: Seid vorsichtig gegen die Machthaber. Berlin: Aufbau Verlag 1998

Leon Poliakov: Vom Antizionismus zum Antisemitismus. Freiburg: Ça Ira Verlag 1992

Richard Chaim Schneider: Wir sind da! – Die Geschichte der Juden in Deutschland von 1945 bis heute. Berlin: Ullstein 2000

Julius H. Schoeps: Deutsch-Jüdische Symbiose oder Die missglückte Emanzipation. Bodenheim: Philo-Verlag 1996

Julius H. Schoeps: Neues Lexikon des Judentums. Gütersloh: Gütersloher Verlagshaus 2000

Nathan Steinberger, Barbara Broggini: Berlin Moskau Kolyma und zurück – Ein Gespräch über Stalinismus und Antisemitismus. Berlin: ID-Verlag 1996

Ingrid Wiltmann (Hg.): Jüdisches Leben in Deutschland. Frankfurt/Main: Suhrkamp 1999

Rotbuch 3000

Vanessa Redak / Beat Weber: **Börse**
Martin Krauß: **Doping**
Henning Schmidt-Semisch / Frank Nolte: **Drogen**
Thomas Seibert: **Existenzialismus**
Ralf Strobach: **EXPO 2000**
Helmut Blecher: **Fotojournalismus**
Sabine Riewenherm: **Gentechnologie**
Boris Gröndahl: **Hacker**
Hans Ulrich Dillmann: **Jüdisches Leben nach 1945**
Mark Terkessidis: **Migranten**
Hannes Koch: **New Economy**
Otto Diederichs: **Polizei**
Thomas Ernst: **Popliteratur**
Martin Büsser: **Popmusik**
Katja Leyrer: **Sexualität**
Marcel Feige: **Science Fiction**
Jost Müller: **Sozialismus**
Wilhelm Sager: **Wasser**

Bildnachweise:
Fotos von Herby Sachs und R. Maro (1), Version Köln/Berlin

Die Deutsche Bibliothek – CIP-Einheitsaufnahme

Ein Titeldatensatz für diese Publikation ist bei
Der Deutschen Bibliothek erhältlich

Umschlag- und Reihengestaltung: +malsy, Bremen
Titelmotiv: © zefa/Hardy
Herstellung: Das Herstellungsbüro, Hamburg
Druck und Bindung: Fuldaer Verlagsagentur

Printed in Germany
ISBN 3-434-53515-2

Informationen zu unseren Verlagsprogrammen finden Sie unter
www.rotbuch.de bzw. europaeische verlagsanstalt.de